CONSULTATION

POUR

LES ACTIONNAIRES

DE LA COMPAGNIE

DES INDES.

A PARIS,

De l'Imprimerie de LOTTIN *l'aîné*, & LOTTIN *de S.-Germain*,
Imprimeurs Ordinaires de la VILLE & de la COMPAGNIE,
rue S.-André-des-Arcs.

M. DCC. LXXXVIII.

CONSULTATION

POUR LES ACTIONNAIRES

DE LA COMPAGNIE DES INDES.

L E CONSEIL, Qui a lû : 1º Un Mémoire à confulter, & une Confultation délibérée à Paris, le 1 Février 1786, fignée La Cretelle, & Blonde. 2º Un Mémoire, imprimé en 1787, fans nom d'Auteur, contenant 140 pages, & intitulé : *Mémoires relatifs à la difcuſſion du Privilége de la Nouvelle Compagnie des Indes.* 3º Enfin, les différents Ecrits publiés contre la Compagnie.

Et Qui a pris communication, d'une Défenfe provifoire pour la Compagnie, intitulée : *Idées préliminaires fur le Privilége exclufif de la Compagnie des Indes,* fignée des Adminiftrateurs & des Commiffaires nommés par les Actionnaires ; & de toutes les autres Piéces, & Mémoires, qui lui ont été adminiftrés pour lui fervir d'Inftruction.

A ij

4

ESTIME: Que la juſtice du Roi, le reſpeȼt dû aux en-
gagémens contraȼtés par l'Etat, l'honneur de la Nation,
& le bien du Commerce François ſont également intereſſés
au maintien de la Compagnie des Indes.

Si l'on demandoit pourquoi de ſimples Juriſconſultes ſe
permettent d'agiter une Queſtion de ce genre, voici ce
que nous répondrions : « Cette Queſtion ne tient plus ſeu-
» lement aujourd'hui à des principes d'Adminiſtration. S'il
» s'agiſſoit du rétabliſſement d'une Compagnie des Indes
» en France, & que le Gouvernement, encore incertain
» ſur le parti qu'il lui conviendroit de prendre, eût livré
» ce problême à la diſcuſſion publique; réduits, comme
» Citoyens, à notre opinion privée, il ne nous appartien-
» droit pas ſans doute de la revêtir du caraȼtère de notre
» profeſſion, pour la jetter à travers cette foule d'Ecrits
» polémiques, que feroit éclore un ſi grand intérêt. Mais
» ce n'eſt plus de cela qu'il s'agit. La Compagnie exiſte, &
» ſon exiſtence eſt la propriété de pluſieurs milliers d'hom-
» mes. Cette propriété eſt attaquée, & nous ſommes ap-
» pellés à ſon ſecours. Il eſt donc de notre devoir de la
» défendre, ſi nous la croyons injuſtement compromiſe; &
» c'eſt dans ce devoir même que notre Miſſion eſt écrite ».

Nous ne devons pas craindre de prévenir encore ceux
ſous les yeux deſquels paſſera cet Ouvrage, que le ſujet
nous entraînera ſouvent loin des notions ou des principes
qui nous ſont familiers. C'eſt la Cauſe d'une Compagnie
commerçante que nous plaidons : & ceux qui ſollicitent
ſon anéantiſſement, s'arment contr'elle de toutes les ſpéculations, de tous les faits, de tous les calculs, enfin de

toutes les confidérations d'Ordre Public qu'ils ont pu réunir. Comment défendre une propriété attaquée par tous ces moyens, fans difcuter ces moyens eux-mêmes, & fans leur en oppofer du même genre?

Voici donc l'ordre que nous-nous propofons de fuivre dans cette Confultation. Elle fera compofée de trois Parties.

Dans une première Partie, nous confidérerons le Privilége de la Compagnie des Indes, comme la propriété des Actionnaires, & nous prouverons qu'il n'eft pas poffible d'y donner atteinte, fans violer tous les principes.

Dans la feconde, nous établirons, 1º L'utilité & la néceffité d'une Compagnie pour le Commerce de l'Inde; 2º L'infuffifance du Commerce particulier, & le préjudice même qu'il caufe à l'Etat.

Enfin, & ce fera la troifiéme Partie; Dans la foule des Griefs accumulés contre la Compagnie, nous choifirons pour les refuter, ceux qui nous ont paru mériter une réfutation.

Avant d'entrer en matière, qu'il foit permis aux Adminiftrateurs de la Compagnie de fe plaindre du ftyle plus que véhément, fouvent même injurieux, qu'ont employé quelques-uns de leurs Adverfaires. Pourquoi cet emportement de la part d'Ecrivains qui s'annoncent pour les Apôtres du Bien Public ? Il dégraderoit la Vérité même: il infpire encore plus d'éloignement pour tout ce qui n'eft pas elle. La modération ! C'eft le devoir de tout homme qui écrit pour inftruire; Et combien doit-on fe la recom-

mander plus févèrement encore, quand on a l'honneur de
traiter un fujet affez grand par lui-même pour n'admet-
tre d'éloquence que celle qui naît de la force de la Raifon,
& de l'évidence des preuves.

PREMIERE PARTIE.

Propriété des A C T I O N N A I R E S.

En quoi confifte cette Propriété ?

Qui font les Propriétaires ?

Quel eft leur titre ?

Voilà trois Queftions qu'il faut d'abord examiner. Lorfqu'elles feront éclaircies, il fera beaucoup plus facile de
décider fi la Propriété des Actionnaires peut avoir quelque chofe à redouter des attaques qu'on lui livre.

En quoi confifte cette Propriété ? Eft-il vrai que ce foit
feulement dans la fomme débourfée par chaque Actionnaire,
c'eft-à-dire dans les mille livres qui forment le prix de
chaque Action ? On l'a prétendu, & il eft aifé de fentir
quelle eft la conféquence que l'Auteur de cette idée a voulu
en tirer. C'eft que tout l'intérêt des Actionnaires eft ren-
fermé dans cette mife dehors, & qu'affurés de leur rembourfement, à raifon de 1,000 liv. par Action, ils n'auroient
même pas le droit de fe plaindre de la fuppreffion de la
Compagnie.

Mais comment n'a-t-on pas fenti que cette idée étoit
elle-même de toute fauffeté ?

La propriété d'un Affocié dans une affaire de Commerce eft-elle feulement fa Mife dans la Société, ou fa portion du fond focial ? Non. C'eft principalement le droit de gérer, d'exploiter cette affaire, pendant tout le temps que l'Acte de Société lui a fixé, & d'en tirer, pendant cet intervalle, tout le profit dont elle eft fufceptible.

Eh bien ! Le Privilége de la Compagnie qui forme la propriété des Actionnaires, n'eft pas autre chofe. C'eft une Affociation pour le Commerce de l'Inde. Le droit des Actionnaires, confidérés comme Affociés, eft le droit de faire feuls ce Commerce pendant quinze ans, & d'en recueillir tous les bénéfices comme d'en fupporter toutes les pertes.

Qui font les Propriétaires ? C'eft la France entière. Quarante mille actions, livrées à la circulation, pouvant être diftribuées par elle dans quarante mille mains, donnent à tout Citoyen le droit de participer, comme intéreffé, au Commerce de l'Inde. C'eft donc, fous ce point de vue, un Pacte vraiment National. Le Gouvernement l'a propofé à la Nation, en créant les actions. La Nation l'a accepté, en les acquérant. Ce feroit rompre ce Pacte que de diffoudre la Compagnie.

Quels font leurs Titres ? C'eft l'Engagement du Souverain, contenu dans deux Arrêts de fon Confeil, tous deux délibérés en fa préfence, tous deux préparés par les longues & mûres difcuffions de fes Miniftres, réunis dans des Comités *ad hoc* ; tous deux enfin rendus avec l'efpéce de folemnité qui précéde & qui caractérife les actes de grande Adminiftration.

On cherche à ameuter le Public contre ces Arrêts, en les faisant passer pour l'ouvrage d'un seul homme, dont la disgrâce personnelle a dévoué à la censure toutes les opérations qui datent de son Ministère.

C'est, nous en convenons, user fort adroitement de la circonstance. Mais est-ce donner une preuve de bonne foi, quand on n'ignore pas que ce Ministre n'a eu, dans cette occasion, que son opinion individuelle : que long-tems avant lui, plusieurs Ministres, convaincus, par les résultats même du Commerce Libre, de la nécessité d'une Compagnie, s'étoient occupés de son rétablissement (1); que ce projet, suspendu d'abord par la circonstance d'un changement de Régne, & bientôt après par celle de la guerre, avoit été repris à la paix : que le Ministre qui remplissoit alors le Département de la Marine (2), l'avoit adopté, mais ne l'avoit adopté qu'après s'en être pénétré par les Mémoires qu'il avoit réunis, par les conférences qu'il avoit eues avec les hommes les plus capables de l'instruire, par tous les rapports enfin que sa Place lui donnoit, & que son activité mettoit à profit pour le bien de l'Etat ?

Ces faits étoient positifs ; la conséquence pressante ; il falloit répondre. Qu'a t'on répondu ?

« Que *c'est prendre ses Lecteurs pour des enfans, que de leur » propofer un pareil argument;* que l'Arrêt du Conseil, de

____

(1) M. l'Abbé Terray. M. de Boynes.

(2) M. le Maréchal de Castries. Voyez, dans les *Idées préliminaires*, pages 12, 13 & 14, le développement de cette vérité de fait, & les preuves.

» 1785, qui rétablit la Compagnie, ne prouve rien, puif-
» qu'un autre Arrêt du Conſeil, rendu en *bien plus grande*
» *connoiſſance de cauſe*, *en* 1769, *avoit décidé la queſtion*
» *contr'elle* ».

Nous attendions des raiſons, & ce n'eſt là qu'une Epi-
gramme contre l'Autorité. Elle n'a beſoin de nous, ni
pour ſes vengeurs, ni pour ſes Apologiſtes; mais nous
devons à la Cauſe que nous défendons, nous devons à la
Vérité même, d'obſerver que le ſarcaſme porte ſur cette
ſuppoſition que l'Adminiſtration s'eſt contredite. Or cette
ſuppoſition eſt abſolument fauſſe.

Non, jamais l'Adminiſtration ne s'eſt écartée de ſes
principes : jamais elle n'a changé de ſyſtême. Tout ce qui
s'eſt paſſé, à partir de l'Arrêt même de 1769 incluſivement,
le prouve.

Cet Arrêt ne ſupprime point le Privilége de la Compagnie ; il le *ſuſpend*.

Et Pourquoi le ſuſpend-il ? Parce qu'écraſée par la
guerre de 1756, & chargée d'une dette immenſe, la
Compagnie n'avoit plus de moyens pour fournir à l'exploitation de ſon Privilége : parce que l'Etat lui-même ne
pouvoit pas venir à ſon ſecours, & ajoûter aux ſacrifices
qu'il avoit déjà faits pour elle, les ſacrifices immenſes qu'elle
demandoit encore pour continuer d'exiſter; parce que, de
ſa qualité de Compagnie Commerçante, elle n'entendoit
point ſéparer alors celle de Compagnie Souveraine, &
que cette réunion, principe de ſon déſaſtre, ne pouvoit

B

être maintenue qu'à force de Tréfors, dont la France étoit épuifée.

L'Arrêt de 1769 ne prononçoit donc rien fur la queftion en général ; il ne jugeoit que les circonftances, qui ne permettoient plus à la Compagnie d'alors, de fuivre fes opérations.

Il la fupprimoit fi peu que, jufqu'en 1785, elle a continué d'exifter comme Compagnie des Indes, avec fon nom, fes Repréfentans, même avec des Droits Actifs qu'elle n'a point ceffé d'exercer. Car ce n'eft que fur fes Permiffions & avec fes Paffe-ports, que les Armateurs particuliers ont pû naviguer dans l'Inde, où fon ombre les protégeoit encore, quand fa puiffance avoit difparu.

Que l'on nous cite, dans cet intervalle, une Loi, un Réglement, un fimple Acte d'Adminiftration, nous ne dirons pas qui prononce, mais qui prête feulement à fuppofer que le Gouvernement avoit pris fon parti contre le fyftême d'une Compagnie pour le Commerce de l'Inde ; Et nous-nous rendons (1). Mais, s'il n'en exifte point, s'il eft certain, au contraire, que le Miniftère a fans ceffé confervé cette efpéce d'efprit de retour vers une Compagnie ; que fon rétabliffement, toujours regardé comme néceffaire, & toujours projetté, n'a été retardé que par

____

(1) Ce n'eft pas avec l'Arrêt du Confeil, du 8 Avril 1770, que l'on fatisfera au Défi. Cet Arrêt homologue feulement une Délibération prife la veille, par la Compagnie. Et que portoit cette Délibération ? Que le Roi feroit prié d'accepter

les événements, ou par le défaut de moyens, il nous fera permis de croire que le Gouvernement n'a point été inconféquent ; que l'Arrêt du Conseil de 1769 ne fournit aucune induction contre celui de 1785 ; & que la Décifion qui a fufpendu le Privilége de la Compagnie, peut être jufte & fage, fans que celle qui l'a rétabli ceffe de l'être elle-même.

____

la ceffion de tous les Biens & Droits appartenants à la Compagnie, fous des Charges qu'énonçoit la Délibération elle - même. Et l'Arrêt du Confeil contient, de la part du Roi, l'acceptation de cette offre. Que prouve cet abandon ? Que la Compagnie, hors d'état alors de reprendre l'exploitation de fon Privilége, regardant comme un fond mort, tant que cette impuiffance dureroit, tous fes effets, toutes fes propriétés, préféroit de les céder au Roi, qui les lui payeroit. Mais ces propriétés n'étoient point le Privilége. La Compagnie ne renonçoit point à exifter. Le Gouvernement n'entendoit point qu'elle cefsât d'être la Compagnie des Indes ; & la meilleure preuve, c'eft qu'elle a exifté depuis.

Auffi, lorfqu'en 1785, il fut queftion du Rétabliffement du Privilége, les Directeurs de l'Ancienne Compagnie réclamèrent-ils ; & voici ce qu'ils difoient dans un Mémoire préfenté au Gouvernement : « Le Privilége exclufif de la » Compagnie n'eft point détruit ; il n'eft que fufpendu. Le Commerce particulier » ne s'exerce qu'à l'ombre de ce Privilége ; tous les Armateurs font tenus d'ob- » tenir des Permiffions, qui leur font délivrées par le Directeur de la Compa- » gnie, & qui font vifées par le Miniftre de la Marine. Les Actionnaires conti- » nuent à former un Corps ; ils ont une Caiffe à part, où fe payent leurs » dividendes, & où fe fait le rembourfement de leurs actions ; ils ont des » Députés qui les repréfentent, & qui font chargés de veiller à leurs inrérêts. » Le Privilége eft le lien qui les tient réunis, & il doit, en quelque forte, » être confidéré comme leur propriété, puifqu'il n'y a eu fur ce point aucune » renonciation, aucun abandon de leur part, & que, pour en reprendre l'exer- » cice, ils n'auroient befoin d'aucune conceffion nouvelle, mais d'une fimple » autorifation du Gouvernement, qui les mît dans le cas de fufpendre les Per- » miffions qui fe délivrent actuellement ».

Auffi, Quel eft le Titre que l'Arrêt du Confeil, du 14 Avril 1785, donne à la Nouvelle Compagnie ? Le Roi *fubroge l'Affociation qui s'eft formée avec fon agrément, à l'exercice du Privilége qui avoit été fufpendu.*

B ij

Qu'il demeure donc pour conſtant, (Car c'eſt là le fait vraiment important pour ceux que leur confiance dans les engagements de l'Etat, a rendu les Intéreſſés de la Compagnie) que ſa recréation préſentée, par ſes Détracteurs, comme l'ouvrage d'un ſeul homme, d'un ſeul moment, d'un ſyſtême Ephémère, a été l'ouvrage du Souverain lui-même, le vœu combiné de ſes Miniſtres, le fruit des réflexions & d'une longue expérience.

Il ne manquoit à cette opération, que d'avoir été critiquée, attaquée, & confirmée.

Elle l'a été. Des voix ſe ſont élevées contre la Compagnie. Un Ecrit où la ſolidité paroiſſoit s'unir à l'éloquence, & les lumières du Juriſconſulte aux talents du Littérateur (1), a paru. Il intéreſſoit beaucoup; c'étoit un grand acheminement pour convaincre : il a convaincu en effet; mais ſur un point, le ſeul qui fût ſuſceptible d'une juſte critique, l'inſuffiſance d'un fond de vingt millions pour fournir au Commerce de l'Inde.

Qu'a donc fait alors l'Adminiſtration ? Elle a jugé, *contradictoirement*, (2) le Procès que le Commerce libre ſuſcitoit à la Compagnie. Elle a, de nouveau, confirmé l'é-

---

(1) Conſultation de M⁣ᶜ La Cretelle.

. (2). Oui, *contradictoirement*. Car une Queſtion ne peut être jugée plus contradictoirement, que quand, de part & d'autre, on a épuiſé tout ce qu'il étoit poſſible de dire. Or c'eſt ce qui a été fait. Ecoutons nos Adverſaires. L'Auteur du Mémoire en 140 pages, ſe défend de *traiter de nouveau méthodiquement la Queſtion de la Liberté du Commerce.* * Et ſur quoi s'en défend il ? Sur ce qu'elle a été *diſcutée déjà ſi ſouvent & ſi complettement. En effet,* ajoute-t-il, *les premiers Mémoires écrits en* 1769; *celui de M. de la Cretelle en* 1786; *celui de la Chambre*

* (Page 121.)

xiftence de celle-ci ; elle en a doublé le terme , en dou-
blant les fonds qui en étoient l'aliment. Le Monarque a
dit à la Nation : » Une Compagnie des Indes eft utile &
» néceffaire ; j'ai pefé les raifons employées pour m'en-
» gager à la détruire, au moment où je venois de la for-
» mer ; & ces raifons mêmes m'ont convaincu du befoin de
» la conferver. Ceux de mes Sujets qui , fur la foi du pre-
» mier Arrêt , y avoient verfé leurs fonds , peuvent être
» tranquilles fur fa ftabilité. Ceux qui , pour concourir au
» projet de la faire fructifier davantage , voudront les y
» verfer à l'avenir, peuvent l'être de même : ils ont, pour
» garantie, ma Parole donnée deux fois ; & toujours en
» connoiffance de caufe ».

C'eft cette Parole, que l'on propofe au Roi , de
violer , en anéantiffant la Compagnie. Les Actionnaires ont dû la regarder comme le gage d'une propriété
inébranlable, & elle n'auroit été qu'un piége ! On verroit,
dans un efpace de moins de trois ans, la même Autorité, créer un Etabliffement, le confirmer & le détruire !

---

*de Guyenne dans la même année , enfin les différents Mémoires manufcrits adreffés
de toutes les grandes Villes de Commerce du Royaume, & remis aux Miniftres ,
l'ont tellement approfondie , & par la Théorie , & par les faits , que ce feroit vérita-
blement infulter à la Raifon , que de croire qu'il refte encore quelque chofe à dire &
à écrire.*

*C'eft après avoir lu, examiné, difcuté tous ces Imprimés, tous ces Manuf-
crits , que le Confeil du Roi, par l'Arrêt de 1786, s'eft déterminé à confolider
l'Etabliffement de la Compagnie , en fixant INVARIABLEMENT fon exiftence , par
l'augmentation du Capital, &c. Voilà ce que l'Auteur du Mémoire appelle
(page 109) des Arrêts fur Requête.*

Non; le Gouvernement ne donnera pas l'exemple d'une telle inftabilité Elle feroit trop effrayante pour la Nation, trop peu honorable pour nous auprès des Nations étrangères; elle apprêteroit à nos Voifins un triomphe d'autant plus flatteur, que leur amour-propre & leur intérêt y trouveroient également leur compte. (1).

On a fait deux objections, auxquelles il peut paroître néceffaire de répondre.

Le défaut de Lettres-Patentes.

Le Vœu de l'Affemblée des Notables.

Des Mémoîres infidéles, donnés aux Notables, demeurés fans réponfe, parce qu'ils n'étoient, ni connus, ni communiqués à ceux qu'ils attaquoient, ont pu produire fur des efprits animés du bien public, l'effet que produiront toujours des dénonciations faites fous ce voile refpectable. Une Motion formée dans deux Bureaux a été le produit de ces infpirations. (2) Mais nous devons efpérer, qu'une difcuffion authentique fixera ces opinions

---

(1) Si nous ne donnons pas ici plus d'étendue à ces confidérations importantes, c'eft parce qu'elles ont été déjà préfentées avec toute la force dont elles font fufceptibles, dans les *Idées Préliminaires*, pages 23, 24 & fuivantes.

(2) Il eft bon d'obferver que ces Motions n'eurent même pas pour objet direct la Queftion générale de la liberté du Commerce; que cette Queftion n'y fut point traitée *ex Profeffo*, mais acceffoirement; & que l'objet des Délibérations, dans lefquelles fe trouvent quelques énonciations relatives à la Compagnie, étoit la Prohibition des Toiles de Coton blanches.

prématurées ; qu'elle confondra tous les vœux particuliers dans un feul Vœu général, & que ce Vœu fera pour la Compagnie.

Quant au défaut de Lettres - Patentes. Etoit - ce au Confeil du Roi que cette objection devoit être élevée ? La Puiffance qui crée ne s'oblige-t-elle pas à conferver ? Et, lorfqu'il eft des formes que notre Conftitution exige pour afsûrer la propriété, le fecours de ces formes n'eft-il pas, comme on l'a déjà dit, une Dette du Gouvernement envers les Propriétaires ?

QUAND la Compagnie borneroit là fa défenfe, quand elle ne s'armeroit, auprès du Gouvernement, que du fait du Gouvernement lui - même, c'eft - à - dire de fon rétabliffement en 1785, de fa confirmation en 1786 ; nous fommes fermement convaincus, que, fous ce rempart, elle feroit invincible.

Mais, comme fes Dénonciateurs, en follicitant de l'Autorité un Acte d'injuftice, prétendent le légitimer, qu'ils décorent leurs prétextes du nom de raifons d'Etat, leurs motifs d'intérêt particulier du nom de Bien Public ; & que c'eft pour fervir la Nation, qu'ils demandent que l'on attente à la propriété, à la fortune d'une foule de Citoyens ; examinons la queftion fous ce fecond point de vue, & tâchons de découvrir, par qui, d'une Compagnie ou des Particuliers, le Commerce de l'Inde peut être fait plus avantageufement, foit pour lui - même, foit pour l'Etat ?

SECONDE PARTIE.

Utilité, Néceſſité d'une Compagnie.
Inſuffiſance & Inconvéniens du Commerce Particulier.

Préjugé contre la Compagnie, tiré de la défaveur des Priviléges en général.

Il ſeroit à ſouhaiter que tous ceux qui ſe déclarent contre la Compagnie des Indes, voulûſſent ſe rendre de bonne-foi à eux-mêmes, compte de leur opinion. Nous ſommes perſuadés que la plupart conviendroient que le mot ſeul les a prévenus contre la choſe. Qu'ont-ils vû dans la Compagnie? Un Privilége excluſif. Et, à ce nom, ſans autre examen, ſe ſont attachées toutes ces idées affligeantes, odieuſes, de Monopole & de Monopoleurs, de Perſécution, d'Entraves données à la liberté, de Chaînes accucumulées ſur l'induſtrie. Et l'on a prononcé.

Cet exemple prouve combien les notions, d'ailleurs les plus vraies, les plus Philoſophiques, peuvent, quand elles ſont trop généraliſées dans l'application, devenir fauſſes & dangereuſes.

Nous n'avons ni beſoin, ni envie d'entreprendre l'Apologie des Priviléges excluſifs. Les Principes de toutes les Adminiſtrations ſont aujourd'hui trop bien fixés à cet égard.

Mais eſt-il vrai que tout Privilége excluſif doive être proſcrit, par cela ſeul qu'il eſt Privilége? Eſt-il impoſſible qu'il ſe rencontre tel Concours de choſes, de circonſtances, de faits, qui rende le Privilége néceſſaire, & la Liberté préjudiciable? Nous ne penſons pas qu'il y ait d'homme raiſonnable qui puiſſe ſoutenir ce paradoxe.

Mais,

Mais, fi ce concours peut exifter, & fi fon exiftence fuffit pour juftifier le Privilége; Que refte-t-il à examiner? Une feule chofe; Exifte-t-il en effet?

Sur ce point nous fommes d'accord avec l'un des Défenfeurs de nos Adverfaires. *Pour qu'un Privilége exclufif,* a-t-il dit (1) *foit légitime, il faut que fa Néceffité & fon Utilité foient évidentes.* Et c'eft cette vérité même que nous réclamons.

Il l'a fortifiée par des exemples. Il a cité celui du Commerce naiffant chez une Nation dont les connoiffances commerciales font encore bornées, & dont les rapports avec les Peuples étrangers font peu multipliés; celui du Commerce François, à cet âge de la Monarchie, où la tyrannie féodale & l'avidité des brigands dont la France étoit alors couverte, arrêtoient la circulation, & obftruoient tous les canaux de la communication interne & externe; celui même du Commerce de l'Inde, à l'époque où s'eft formée la première Compagnie, & où *c'étoit,* dit-on, *un Commerce infiniment long, difpendieux, & auffi hazardeux dans l'entreprife, qu'avantageux dans le fuccès* (2), &c.

N'allons pas plus loin. Il eft donc des cas d'exception, admis par la Raifon, par la faine Politique, contre le principe général de la liberté. On en a bien cité quelques-uns; mais on n'ira pas jufqu'à prétendre qu'ils foient les feuls. Ce que, dans un fiécle, dans un Gouvernement, un certain ordre de chofes a rendu néceffaire, un autre ordre de chofes peut, dans un autre fiécle, dans un autre Gouvernement, le

---

(1) Confultation, page 19.
(2) Page 20.

C

rendre néceſſaire encore. En ſommes-nous à ce point? C'eſt là, la Queſtion, & l'objet de nos recherches. Mais, quel qu'en ſoit le réſultat, toujours eſt-il vrai, & c'eſt le ſeul point que nous ayions à établir en ce moment, que la défaveur générale attachée aux Priviléges excluſifs ne doit être ici pour rien; que tout eſt dans les faits; & qu'il faut, non pas juger les faits par des idées déjà for-mées, mais former ſes idées ſur les faits.

Entrons donc en matière.

Notions géné-rales ſur le Com-merce de l'Inde.

IL eſt dans celle-ci un certain nombre de notions géné-rales, qui forment, comme les élémens du Commerce de l'Inde, & par leſquelles il faudra toujours commencer, toutes les fois que l'on agitera le Procès du Commerce particulier avec les Compagnies.

C'eſt à 6,000 lieues de notre Patrie que nous allons chercher les Marchandiſes de l'Inde.

Nos Vaiſſeaux, ſoumis à la révolution des mouſſons, ne doivent partir que dans un temps déterminé, ne doivent revenir que dans un autre. La durée des voyages eſt ordi-nairement de dix-huit mois; mais elle peut l'être de deux ans, ſouvent même de plus.

Ce Commerce n'eſt point un Commerce d'Echange, ou ne l'eſt que dans une proportion infiniment inégale. L'Indien, qui ſe nourrit avec le riz qu'il cultive dans ſes champs, qui ne boit que de l'eau, & s'habille avec les étoffes qu'il fabrique, eſtime peu, & n'employe preſque point les productions de notre ſol, de nos arts & de nos manufac-tures (1). Nos exportations, à cet égard, se bornent, à peu de chose près, aux besoins des Européens établis dans l'Inde; elles forment un neuviéme ou, si l'on veut, un huitiéme de nos cargaisons; les huit ou neuf autres dixiémes sont en matières d'or & d'argent.

Ce Commerce exige donc des Capitaux considérables, &, à la différence des autres Commerces qui s'alimentent journellement de leurs produits, & dans lesquels la promptitude des rentrées facilite les moyens de renouveller les opérations, une seconde expédition doit suivre la première, quelquefois même une troisiéme suivre la seconde, avant que les retours de l'une ni de l'autre ne soient arrivés. Que le chargement de chaque Vaisseau soit de deux millions; ce sera pour l'Armateur une mise de-hors de six, ou au moins de quatre millions, avant qu'il ait établi la navette qui doit ramener périodiquement & ses Vaisseaux & ses profits.

De ces premiers faits résulte, contre le Commerce particulier, une première conséquence. C'est qu'il y a peu de Maisons de Commerce en état de suffire, par leurs propres richesses, à de pareilles avances.

Tableau du Commerce particulier.

Mais ce premier obstacle est vaincu; les fonds sont faits, le Vaisseau expédié, parti, arrivé dans l'Inde. L'Armateur a deux choses à faire pour que son expédition soit heureuse; vendre avantageusement les Marchandises qu'il a exportées d'Europe, & acheter au prix le plus

---

(1) Il faut en excepter une petite quantité de Fer & de Cuivre.

modique poffible, les Marchandifes de l'Inde qui doivent compofer fes retours.

Et c'eft ici que fe préfentent en foule les inconvénients qui doivent multiplier les pertes du Commerce particulier.

1º Ces Armateurs qui, des différents Ports du Royaume, font voile pour l'Inde, ne fe font point entendus entr'eux, n'ont point combiné enfemble leurs expéditions : il n'a régné aucune intelligence ni dans les quantités, ni dans les fortes de leurs exportations. Qu'en réfulte-t-il néceffairement à l'arrivée dans l'Inde ? Que l'abondance eft exceffive ; que la fomme des befoins des Acheteurs eft de beaucoup inférieure à celle des Marchandifes ; par conféquent une concurrence à la Vente, qui avilit les objets vendus, & force de s'en défaire, fans bénéfice, le plus fouvent même avec perte confidérable.

2º Mais le bénéfice à l'achat n'indemnifera-t-il pas au moins l'Armateur ? Non ; c'eft là, au contraire, que les effets de fa foibleffe, de fon ifolement vont devenir plus fenfibles. Il n'exifte point dans l'Inde de Magafins, d'Entrepôts où les Marchandifes, entaffées par les Fabriquants ou par des acheteurs de première main, n'attendent, pour être vendues, que les Navires qui viennent les enlever. L'habitant de l'Inde ne fabrique point pour vendre par lui-même. Comme il ne voit dans fon travail que le prix de fa fubfiftance de chaque jour, il loue fon induftrie à des intermédiaires qui traitent avec lui directement, & avec lefquels les Européens traitent eux-mêmes par leurs Agents. C'eft avec ces intermédiaires que l'on *contracte* (1),

____

(1) C'eft le terme ufité pour cette forte de Négociation.

un an d'avance, les Marchandifes qui ne doivent être livrées que l'année fuivante ; il faut payer le premier tiers du prix, lors du contrat; le fecond dans le cours des ouvrages, & le dernier lors de la livraifon.

Que feront donc ces Vaiffeaux particuliers qui, fans avoir de commandes antérieures, aborderont fucceffivement dans l'Inde ? Ils ne trouveront point de Marchandifes prêtes à charger, puifqu'ils n'en ont point contractées. L'Agent de chaque Armateur s'enfoncera-t-il à deux ou trois cents lieues dans les Terres, pour en contracter ? Il faudroit attendre qu'elles fûffent fabriquées ; & les frais énormes du féjour, le dépériffement des Vaiffeaux & des Equipages, auroient bientôt anéanti l'armement entier. Il fera donc réduit à choifir, de deux maux le moindre ; il achétera des Employés des Compagnies Etrangères. Mais quelles Marchandifes ? Des rebuts. Et à quel prix ? Il fera calculé fur le befoin que les vendeurs fçavent qu'il en a ; mais il le fera fur - tout fur la concurrence qui s'élévera néceffairement entre tous ces Armateurs, également dépourvus, également preffés de retourner en Europe, également déterminés à faire à la circonftance de grands facrifices. De mauvaifes Marchandifes feront achetées vingt-cinq & trente pour cent de plus que ne l'auroient été des Marchandifes fabriquées d'avance, & achetées de première main.

Ce n'eft pas tout encore. La concurrence ; la néceffité de prendre tout ce qui s'offre, quand il n'eft pas permis de choifir ; l'impoffibilité qu'il régne le moindre concert entre ces acheteurs, beaucoup plus jaloux de compléter que de compofer leur cargaifon de retour ; tout aura contribué à y mettre le même défordre, le même défaut d'affortiment que dans leurs Marchandifes d'exportation. Revenus en France, ils y rapporteront trop d'une efpéce, peu ou point de l'autre. La concurrence à l'achat, dans l'Inde, avoit commencé leur ruine ; la concurrence à la vente, en France, la confommera ; l'approvifionnement du Royaume aura manqué ; nos Marchands feront obligés de fe pourvoir chez l'Etranger, auquel ils porteront nos capitaux, & tout le monde y perdra, excepté nos voifins & nos rivaux, toujours difpofés à profiter de nos fautes.

Tels doivent être la marche, les obftacles, les principes de deftruction & d'impuiffance du Commerce particulier. Il ne manque plus rien au Tableau, que de fe trouver réalifé par l'expérience. Or nous prouverons, bientôt, que les effets ont répondu aux caufes, & que ce qui devoit arriver eft arrivé.

Tableau du Commerce d'une Compagnie. MAINTENANT, à ce Tableau, oppofons celui du Commerce de l'Inde fait par une Compagnie. Le contrafte eft parfait ; & chaque inconvénient eft remplacé par un avantage.

Si la Compagnie a fon Chef-lieu en France, elle a auffi, dans l'Inde, des Adminiftrateurs pour la repréfenter, des Agents pour ftipuler fes intérêts, des capitaux pour faire fes achats. Une correfpondance auffi régulière & auffi fuivie que le permet l'immenfité de l'intervalle, porte d'avance, d'Europe aux Indes, & des Indes en Europe, toutes les inftructions néceffaires pour régler les opérations refpectives.

La Compagnie fait-elle une expédition ? Elle a été informée de la fomme des befoins que l'on éprouve dans l'Inde ; elle fçait d'avance quels débouchés y trouveront les Marchandifes qu'elle y exportera ; elle proportionne donc fes envois fur les demandes de fes Agents ; les cargaifons font bien combinées , bien affonies ; la jufte mefure des exportations en afsûre le débit à un prix avantageux, fans être exceffif ; & , fi quelques circonftances imprévues occafionnent un encombrement momentané , les Marchandifes invendues font dépofées dans les Magafins de la Compagnie , jufqu'à ce que le retour d'une occafion favorable en permette la vente.

Comme chaque expédition porte dans l'Inde les capitaux néceffaires pour renouveller ceux qui ont été employés , les Agents , toujours pourvus de fonds fuffifans, ont contracté d'avance les marchandifes dont les états leur ont été envoyés d'Europe. Et de là, plufieurs avantages.

Le premier, Que ces marchandifes fabriquées fur la commande des Agents de la Compagnie , reçues par eux , mais après examen , mais avec la liberté de rebuter celles qu'ils trouvent trop défectueufes, font communément au degré de perfection auquel elles peuvent atteindre.

Le fecond, Qu'achetées de première main , elles font infiniment moins chères.

Le troifième & le plus ineftimable peut-être, Que cette circonftance abrége beaucoup les expéditions. Les navires de la Compagnie , à peine arrivés, & débarraffés de leurs cargaifons, peuvent recevoir leurs chargemens, & ne mettent d'intervalle entre leur arrivée & leur départ, que celui qui eft indifpenfable pour leur avictuaillement, le rafraîchiſſement des Equipages, & le retour d'une mouſſon favorable.

Enfin, les mêmes connoiſſances qui avoient dirigé en Europe les achats pour l'Inde, dirigent dans l'Inde les achats pour l'Europe. On ſait quels ſont les objets ſur leſquels ſe porte la conſommation : on a pu calculer les qualités qu'elle affectionne, les quantités qu'elle doit employer ; & les aſſortimens ſe diſpoſent ſur ce plan. Ils ſe font avec facilité & avec ſûreté, parce qu'ils ſe font ſans concurrence. Prévenus du retour des vaiſſeaux à l'Orient, nos Négocians, nos Manufacturiers accourent à la vente ; ils y trouvent ce qu'ils ſont venus chercher ; des marchandiſes de choix, bien aſſorties, à des prix raiſonnables. En dernière analyſe, la France eſt approviſionnée par le Commerce Nationnal ; il en ſort moitié moins de numéraire que quand nous allons chercher en Angleterre, en Hollande, en Suiſſe les objets de notre conſommation : & nos richeſſes, fixées dans le Royaume, y reſtent, pour ſeconder notre induſtrie, & alimenter les autres branches de Commerce vers leſquelles elle peut ſe diriger.

Nous entendons d'ici les Députés. « Ces comparaiſons, » diront-ils, entre le Commerce libre & celui d'une Com- » pagnie ne ſont pas nouvelles ; faites vingt fois, vingt » fois elles ont été réfutées, & l'on ne devoit plus s'at- » tendre à les voir reparoître ».

Et pourquoi ? Ce n'eſt point à l'honneur de dire des choſes neuves que nous aſpirons, mais à celui de dire des choſes vraies ; & la Vérité ne perd rien de ſes droits, ni de ſon caractère pour être répétée. Ajoutons qu'autre choſe

eſt

eſt de réfuter, autre choſe de détruire; & que nous n'avons rien vu dans tout ce qui a été dit pour le Commerce particulier, qui démente la juſteſſe du Tableau que nous venons de tracer.

Au ſurplus, ſerions - nous dans l'erreur ? Nous allons nous - même offrir un moyen ſûr de nous en convaincre. C'eſt de reproduire ici, pour les combattre, tout ce que les Adverſaires de la Compagnie ont pu imaginer de plus fortes Objections contre les Théorêmes que nous venons de propoſer. Nous avons ſous les yeux, le plus conſidérable de ces Ecrits; c'eſt le Mémoire publié ſous le nom des Députés des villes du Commerce. On peut le regarder comme l'Arſenal du Commerce Particulier, comme le Dépôt de ſes armes de choix. Nous devons donc croire qu'y avoir répondu, ce ſera, au moins dans cette partie, n'avoir rien laiſſé ſans réponſe.

DANS le nombre des vices du Commerce particulier, & des cauſes qui s'oppoſeront toujours à ce qu'il puiſſe lutter contre le Commerce des Compagnies, on a dû ſingulièrement en diſtinguer trois : La Concurrence : Le défaut d'Aſſortimens. Le défaut de Capitaux.

La Concurrence. Nulle pour une Compagnie ; auſſi inévitable que funeſte pour le Commerce libre.

Les Aſſortimens : Impoſſibles pour celui-ci ; ſûrs, faciles, avantageux pour une Compagnie.

Les Capitaux. Inſuffiſans pour le Commerce particulier; proportionnés à la maſſe des opérations ſous le régime d'une Compagnie.

On prétend que ces différences, ou n'exiſtent point,

ou n'exiſtent qu'à l'avantage du Commerce particulier. Nous allons ſuivre l'attaque, pié à pié, article par art'cle; & les Réponſes accompagneront immédiatement les objedions.

I. Concurrence. « La Concurrence, dit-on, n'eſt point un
» mal. L'expérience l'a démontré. On en avoit fait l'épou-
» vantail du Commerce libre pour nos Colonies; tout ce
» que l'on répéte aujourd'hui, on le diſoit alors: Nos Ar-
» mateurs vendront moins leurs Marchandiſes, parce qu'ils
» feront plus de Vendeurs; ils achéteront plus cher les
» denrées des Colons, parce qu'ils ſe les diſputeront; &
» il en réſultera que nous payerons davantage le Caſtor,
» le Sucre, le Café, &c. Le Gouvernement a commencé
» par juger ces clameurs; il a fini par y fermer les oreilles,
» parce qu'il en a reconnu la futilité. Les Iſles ont été
» livrées au Commerce libre; & la Concurrence ne l'a point
» empêché de proſpérer ».

A ce raiſonnement de fait, les Adminiſtrateurs de la Compagnie avoient répondu par une Obſervation ſimple mais déciſive. Ils avoient dit : Le mal de la Concurrence eſt l'aviliſſement des Marchandiſes d'exportation à la vente, & le renchériſſement des Marchandiſes d'importation à l'achat. Mais ce mal n'eſt rien en politique, quand ce renchériſſement ou cet aviliſſement, ſoufferts par des Sujets d'un Etat, profitent à d'autres Sujets du même Etat. Car le numéraire que ces cauſes font ſortir de la main des uns pour le faire paſſer dans celle des autres, reſte dans le Royaume, & n'occaſionne aucune variation dans la balance du Commerce national. Mais, quand c'eſt dans des parages étrangers que cette Concurrence s'exerce ; quand son effet immédiat eft de faire paffer à l'Indien , à l'Anglois, au Hollandois, plufieurs millions qu'elle nous enléve fans remplacement ; c'eft là que le mal fe fait fentir , & que la différence devient importante, entre un Régime qui exclud la Concurrence , & un autre dans lequel elle eft inévitable.

L'Ecrivain des Députés s'eft récrié fur cette diftinction.

« Sa conféquence néceffaire, a-t-il dit, feroit donc
» qu'il ne devroit y avoir de libre que le Commerce qui
» fe fait dans le Royaume, & que tout Commerce avec
» les Nations étrangères ne devroit fe faire que par Com-
» pagnie. Ainfi retranchez de la Carte des pays ouverts
» au Négoce particulier, le Danemark, la Suéde, l'Efpa-
» gne, &c. &c. ».

Point du tout. La Concurrence qu'éprouve le Commerce libre dans les Royaumes étrangers , n'eft pas une raifon pour l'en exclure, parce qu'elle ne l'empêche point d'y profpérer. Et, pourquoi ? Parce que ces Commerces font des Commerces d'échange ; parce que la Concurrence que nous éprouvons chez l'Etranger , & qui nous fait payer plus cher fes Denrées ou fes Marchandifes , il l'éprouve chez nous pour les nôtres , & nous les paye dans la même proportion ; au moyen de quoi, l'équilibre fe rétablit, & la balance, ou refte égale, ou panche en notre faveur, fi les objets d'exportation font plus multipliés chez nous.

Le Défenfeur des Députés infifte. « Que gagnerez-vous,
» dit-il , à fauver dans l'Inde la Concurrence entre quel-
» ques individus ? Eviterez-vous, celle vraiment impor-

» tante, des autres Nations étrangères? Et, quand vous
» ne trouverez pas moins sous vos pas l'Anglois, le Hol-
» landois, le Danois, le Portugais, Quelle différence en
» plus ou en moins, apportera dans les prix de vente ou
» d'achat, votre Commerce fait par une Compagnie, ou
» fait par des Particuliers ?»

C'est-à-dire, qu'être mal, est une raison pour être plus
mal encore ; que, parce que notre Commerce trouve dans
les Puissances Etrangères de grands obstacles, il ne faut
pas qu'il essaye d'éviter ceux qu'il se crée à lui - même ;
que, quand nous n'avons de moyens de nous défendre
contre ce Colosse de la Compagnie Angloise, que celui de
lui opposer une masse de forces, sinon égale, au moins
de la même nature, il faut nous priver de cette ressource,
& perpétuer notre foiblesse, en confiant le sort de notre
Commerce à quelques individus isolés, que l'Indien dé-
daigneroit, comme des Aventuriers ; que les Compagnies
Européennes croiroient pouvoir impunément accabler d'a-
vanies, & qui finiroient peut-être par amener sur la Nation
l'idée de dégradation, & en quelque sorte de néant, qu'ils
auroient fait concevoir d'eux-mêmes (1). Voilà à quoi méne
le raisonnement de l'Ecrivain. On peut le juger par sa
conséquence.

II. Défaut d'Assortimens. Le reproche s'applique aux Marchandises exportées de l'Europe dans l'Inde, & à celles
importées de l'Inde en Europe. C'est la division que l'E-

---

(1) On sent bien que ceci ne doit s'entendre que des rapports de Commerce.

crivain des Députés a fuivie pour attaquer; c'eft celle que nous fuivrons nous-mêmes pour répondre.

Suivant lui, « Le défaut d'Affortiment à l'exportation, » eft un reproche bannal des Compagnies; elles le faifoient » au Commerce particulier, pour lui fermer nos Colonies; » & l'événement a prouvé que cet inconvénient étoit chi-» mérique. Il en feroit de même pour l'Inde. Jufqu'à ce que » des rapports exacts & fuivis fe foient formés, il y aura, fi » l'on veut, quelques méprifes fur les quantités, ou fur les » efpéces des marchandifes exportées. Une année, on expor-» tera trop de vin ou de draps, trop peu de fer ou de » cuivre; mais, l'année fuivante, on exportera moins des » premiers, & plus des feconds : une expérience graduelle » inftruira les Armateurs; ils apprendront à *dofer leurs envois;* » & la proportion entre les befoins & les exportations » s'établira infenfiblement ».

De bonne-foi, eft-ce là répondre férieufement à des difficultés férieufes ?

L'exemple de nos Colonies ! Mais y a-t-il la moindre parité ? Un efpace, moins confidérable des deux tiers, nous en fépare. Une communication habituelle nous rap-proche. Trois mois fuffifent à nos bâtimens pour l'allée & le retour, & il n'y a pas de jour qu'il n'en rentre quelques-uns dans nos ports. Nos Négocians font donc inftruits, avec une forte de précifion, des befoins des Colons, de l'état de la confommation, de leurs demandes. Et Quoi de plus facile alors que des Affortimens bien faits ? Quoi de plus fûr que le débit ? D'ailleurs, en fuppofant même qu'il y eût quelques défectuofités dans les Affortimens, & qu'il dût en réfulter quelque diminution de prix à la vente, nous l'avons déjà dit : Ce font des François qui en profitent, quand des François y perdent ; & l'Etat lui-même n'y eft point intéreffé. Nous offrez-vous, au moins, cette confolation, dans l'Inde ?

Quant à cette fucceffion d'expériences qui doit réparer les bévues des premiers envois, niveller par la fuite les exportations, & établir, entre elles & la confommation, le plus parfait équilibre, C'eft un de ces calculs chimériques, dont l'efprit de fyftême, qui voit tout poffible, berce ceux qui font difpofés à croire tout. Mais à qui voudra refléchir & pefer froidement les faits, Comment paroîtra-t-il vraifemblable que le Commerce particulier puiffe dans aucun temps acquérir une régle & des proportions qui le mettent à portée d'affortir fes exportations pour l'Inde ?

Queft-ce qu'un Affortiment ? Une combinaifon de quantités & d'efpéces, formée fur un rapport connu avec les befoins & la confommation de ceux pour qui ces marchandifes font deftinées. Or cette combinaifon ne pourra jamais être faite que par un feul Individu, ou par plufieurs qui s'entendront pour la faire. Mais cette intelligence, ce concert, l'obtiendrez-vous jamais de vos Armateurs, diftribués dans tous les Ports du Royaume, divifés même entr'eux, dans chacun, par la rivalité, par l'intérêt, par l'efpoir de profiter exclufivement des connoiffances qu'ils croyent tous s'être exclufivement procurées ?

Pour rendre ceci plus fenfible, prenons un exemple ; Car les exemples parlent en quelque forte aux yeux. Un Négociant aura été inftruit par fon Correfpondant dans l'Inde, que le fer y a manqué dans les dernières expéditions ; il croira l'être feul ; il doublera, triplera, quadruplera, dans fon premier armement, l'article du fer. Mais ce que fon ami lui a mandé, plufieurs l'ont également écrit à d'autres Négocians, dont chacun, fûr, comme lui, que fes inftructions ont dévancé toutes les autres, forcera fon chargement en fer. Et il y aura furabondance ; par conféquent vilité du prix.

L'année fuivante, la même méprife fe commettra pour un autre article. Une autre fois, elle fe commettra en fens inverfe ; les Armateurs auront été informés qu'il y a eu furabondance dans une partie, ils l'oublieront dans leurs premiers chargemens, & il y aura difette totale. Sera - ce donc de ce cercle, néceffairement éternel, de variations, & d'incertitudes, que l'on fera fortir à la fuite des temps, cette harmonie, ce fyftême d'Equilibre dont on nous flatte (1) ?

____

(1) Quand on eft embarraffé de fa juftification, on récrimine : « C'eft bien
» à la Compagnie, dit - on, à reprocher au Commerce particulier le défaut
» d'affortimens, elle qui, chargée d'approvifionner de nos Marchandifes natio-
» nales, les Européens qui font dans l'Inde, les laiffe manquer du néceffaire.
» Les Habitans de Pondichéry s'en plaignent dans les Mémoires qu'ils ont don-
» nés au Gouvernement ; ils articulent que le premier Vaiffeau expédié par
» la Compagnie eft arrivé à vuide dans l'Inde, & il faut convenir que cette
» négligence, cet abandon de la part de la Compagnie, eft au moins extraordi-
» naire. »

L'accufation eft en même - temps, & de bien mauvaife foi, & bien mal-adroite.

De mauvaife foi. Ce prétendu Vaiffeau, expédié par la Compagnie, n'étoit qu'un _Avifo_, parti auffi-tôt après l'octroi du Privilége, pour porter des fonds, contracter des Marchandifes, & prendre dans l'Inde les premières inftructions.

Mal-adroite. Si l'approvifionnement de l'Inde a manqué par cela feul que le

L'Ecrivain eft-il au moins plus heureux dans fa juftification fur le défaut d'affortiment à l'Importation?

C'eft des deux articles le plus intéreffant. Car; Que les Marchandifes forties de France fe vendent mal dans l'Inde; comme elles n'entrent dans les cargaifons de nos Armateurs, que pour une modique portion, le mal peut n'être pas confidérable, parce qu'il eft prefque tout entier pour les particuliers.

Mais des importations dépendent nos approvifionnemens, le fort de notre confommation, & celui de nos Manufactures.

« Rien de plus fimple, nous dit-on. Cet affortiment
» fe formera de lui-même, & il fera le réfultat des dif-
» férences qui régneront dans les Cargaifons. De deux
» Vaiffeaux rentrés à Bordeaux, l'un aura apporté trop de
» toiles & trop peu de café; mais, dans le même temps, de
» deux Vaiffeaux rentrés à Nantes, l'un aura rapporté trop
» peu de toiles & trop de café; &, voilà l'équilibre
» rétabli ».

Fort bien. Mais, fi tous les quatre n'ont rapporté que du Café & point de Toiles, ou des Toiles & point de Café? . . .

Rien n'embarraffe l'Auteur; il a prévu l'Argument.
« L'année fuivante, répond-il, d'autres Vaiffeaux feront
» l'inverfe, & voilà encore l'équilibre rétabli. Et, fi ce n'eft
» encore l'année fuivante, ce fera la troifiéme année ».

---

premier Vaiffeau de la Compagnie n'y a pas fubvenu, ce n'eft pas la Compagnie qui y a caufé cette difette; elle l'y a trouvée, & c'étoit l'ouvrage du Commerce particulier. Et voilà contre lui une preuve de plus, que nous ne lui demandions pas, & qu'il nous adminiftre lui-même.

Et

Et nous voilà , nous fimples Confommateurs , voilà nos Fabriques , nos Manufactures , en fouffrance pendant trois ans , en attendant que *l'équilibre fe rétabliffe* (1) !

Et il ne fe rétablira pas. Car il faudroit , à la troifiéme année comme à la première , que les Négociants s'entendiffent entr'eux pour fe borner à remplir feulement les vuides laiffés par les importations précédentes. Et ils ne s'entendront pas. Et ce que nous difions , il n'y a qu'un inftant , pour les Marchandifes d'exportation , arrivera pour celles-ci. Par exemple , les Guinées auront manqué une année en France. Chaque Armateur partira de là pour fpéculer fur les Guinées ; la France en fera inondée , & elle manquera des autres fortes de toiles , dont elle avoit eu trop.

Ces vérités font de celles auxquelles il eft impoffible de fermer les yeux; & l'on s'en apperçoit à la dernière réponfe par laquelle l'Auteur du Mémoire cherche à y échapper : « Eh bien, s'écrie-t-il, Quel fera en définitif l'effet du défaut » d'affortimens dans les Marchandifes importées de l'Inde ? » Une furabondance , une diminution dans le prix à la » vente. Mais fi c'eft le mal du Commerce , ce fera le » bien des Confommateurs , des Manufactures. Une Com- » pagnie ne fait fes affortimens qu'en s'affranchiffant de la » concurrence à l'achat ; elle n'en profite qu'en ne crai- » gnant point la concurrence à la vente : mais ce droit

---

(1) N'eft-ce pas bien le cas de rappeller ici à l'Auteur du Mémoire , ce que lui difoit , en 1769, l'homme éloquent , qui avoit pris la défenfe des Actionnaires ? *On acquiert fans doute des lumières par l'expérience ; mais , dans le Commerce des Indes , où l'on ne peut recevoir qu'un avertiffement tous les deux ans , l'inftruction arrive lentement , & les lumières font chères.*

E

„même de vendre fans concurrens, n'eſt que le droit de
„taxer les befoins publics pour lefquels on paroît avoir
„travaillé. Et voilà (1) le danger d'une Compagnie ".

Deux Réponſes.

La première eſt un fait. L'ancienne & la nouvelle
Compagnie ont-elles vendu plus cher que le Commerce
particulier? Que l'on prenne, & que l'on rapproche les
Livres des Difpofitions des ventes fous les deux Régimes;
& que l'on juge.

La feconde réponfe eſt encore plus décifive; car c'eſt dans
l'intérêt même de la Compagnie que nous la trouvons.

Quand on dit que la Compagnie fait feule en France
le Commerce de l'Inde; cela veut dire qu'elle a feule le
droit de le faire. Mais il n'en eſt pas moins vrai que la contrebande fait s'ouvrir toutes les portes du Royaume que
lui ferment les Loix; & que les Compagnies Etrangères
(fur-tout la Compagnie Angloife) font à l'affut des événemens qui peuvent détourner vers elles le cours de notre
Commerce. Que la Compagnie Françoife, au lieu de profiter
du défaut de concurrence, pour s'aſſûrer de vendre à des prix
modérément avantageux, en abufe pour vendre arbitraire-
ment; Quel fruit en retirera-t-elle? Nos Négocians, nos Fa-
briquans, nos Manufacturiers iront fe pourvoir chez fes

______

(1) Nous fommes obligés d'avertir que nous ne répétons pas toujours les
objections dans leurs propres termes. Comme elles font beaucoup plus longues que
l'analyfe que nous en faifons, les copier feroit le moyen de faire un volume de
ce Mémoire, qui ne paroîtra peut-être déjà que trop long. Mais nous avons
eſſayé de rendre de notre mieux toute la fubſtance des objections, & nous
efpérons que leur Auteur ne nous reprochera pas de les avoir affoiblies en les
analyfant.

rivales; &, plus elle augmentera fes prix, plus la fraude deviendra commune; car elle eſt d'autant plus active qu'il y a plus de bénéfice à la commettre. Repoſez-vous donc de la modération de la Compagnie ſur ſon propre intérêt. C'eſt la plus grande ſûreté que l'on puiſſe donner en fait de Commerce.

III. Défaut de Capitaux. L'inſuffiſance du Commerce particulier, ſous ce troiſiéme point de vue, étoit encore une de ces Données, qu'il étoit difficile de conteſter. Auſſi l'Ecrivain des Députés n'a-t-il répondu à la difficulté qu'en l'éludant.

« Vous prétendez, a-t-il dit, que les moyens de chaque » individu ſont trop foibles. Eh bien! ils ſe réuniront; il » ſe formera des Aſſociations; & l'on aura des Capitaux » proportionnés aux opérations que comporte le Commerce » de l'Inde ».

Et voilà notre cauſe gagnée. Car voilà des Compagnies. « Oh mais, elles ne ſeront pas excluſives ».

Et, par cela même elles ſeront bientôt ruinées. Nous ne parlons pas des cauſes intérieures qui ont toujours détruit, & qui détruiront toujours ces Aſſociations; des jalouſies, du défaut de concert, des oppoſitions d'intérêts. Mais voici ce qu'il faut conſidérer. A côté d'une de ces aſſociations, il s'en formera une ſeconde, & bientôt une troiſiéme, & bientôt davantage. Et à la ſuite viendront toujours, la concurrence, & tous ſes inconvéniens. Il n'y aura de différence que celle de cinq ou ſix aſſociations, à 20 ou 25 Négociants; Et, quant à l'effet, il ſera le même.

Ajoutez que, des Aſſociations de ce genre n'ôtant rien aux Armateurs particuliers de leur liberté, mais tendant à la leur rendre infructueufe, ils y verront autant d'ennemies de leur Commerce. Et, en effet, fi la fupériorité de fonds & de reffources d'une ou plufieurs Sociétés, leur donne, foit à l'achat dans l'Inde, foit à la vente en Europe, trop d'avantage, les Particuliers, obligés de renoncer à faire directement le Commerce dont ils ne pourroient plus foutenir la Concurrence, s'entendront avec l'Etranger, lui prêteront leur nom, lui fréteront leurs bâtimens pour rapporter fes Marchandifes. Vos affociations, fortes de leurs capitaux, lutteront un peu plus long-temps ; mais il faudra qu'elles cédent à la fin, & leur chute fera d'autant plus violente que leurs efforts pour la fufpendre, auront été plus longs.

APRÈS nous avoir offert, comme reméde de l'infuffifance du Commerce particulier, les Affociations, l'Auteur du Mémoire, qui craint apparemment de s'être trop avancé, revient fur fes pas, nous affûre qu'il n'a raifonné qu'hypothétiquement ; que le Commerce particulier n'en eft pas réduit à avoir befoin de ces Unions ; qu'il eft tel Négociant qui peut fe fuffire à lui-même, former à lui feul un établiffement dans l'Inde, & trouver dans fes propres fonds tous les moyens de le foutenir. L'Auteur en cite effectivement un, un feul. Mais, en revanche, il cite depuis 1771, jufqu'en 1785, c'eft-à-dire dans un efpace de quatorze ans, dix ou onze Vaiffeaux, armés par des Particuliers, qui ont fait, fuivant lui, des retours très-abondants, très-lucratifs pour les Armateurs.

Quoique l'argument tiré de ce qu'ont pu faire, un Homme fur plus de cent, & onze Vaiffeaux fur plus de troiscents - quarante, foit affez peu concluant ; nous y répondrons. Mais on permettra que ce ne foit point en ce moment. Nous ne difcutons encore que les Thèfes gé‑ nérales; les faits particuliers viendront après ; & c'eft‑là que nous donnerons à nos Adverfaires toute fatisfa‑ ction fur les citations. En attendant, nous leur propo‑ ferons feulement ces deux Queftions. 1º Les Bénéfices des Vaiffeaux que vous nommez, font‑ils feulement le gain de l'achat dans l'Inde à la vente en Europe ? Ou font‑ils le produit net des Expéditions? 2º Vos onze Vaiffeaux avoient‑ils fait directement, & uniquement le Commerce de l'Inde? ou n'en avoient‑ils pas fait un autre, duquel provenoient les profits? Nous recommandons ces queftions à la mémoire du Lecteur. Il en trouvera par la fuite la folution.

C'EST encore ici que fe préfente une des récriminations favorites des Détracteurs de la Compagnie. « Vous re‑ » prochez, lui difent‑ils, au Commerce particulier fon » indigence, l'infuffifance de fes Capitaux. Mais les vôtres, » mais les 40 millions fuffifent‑ils eux‑mêmes » ? Et là vient fe placer ce Tableau, deftiné à prouver que le Com‑ merce de l'Inde & de la Chine ne peut pas fe faire à moins de 80 millons.

La juftification de la Compagnie fur ce point, & la difcuffion du prétendu Tableau, font encore des faits par‑ ticuliers, qui fortent de l'ordre des chofes que nous exa‑ minons ici, & que, par cette raifon, nous renvoyons à la place que nous leur avons marquée. Mais qu'il nous foit cependant permis de dire d'avance ce feul mot : Que plus le Commerce particulier prouvera qu'il faut de fonds pour le Commerce de l'Inde, plus il prouvera contre lui-même, & en faveur de la Compagnie. Car, s'il est hors d'état de faire même le fonds que fait la Compagnie, Combien est-il plus loin encore de ceux qu'il exige comme néceffaires? Et, en fuppofant même qu'ils le foient, ce dont nous ne convenons pas à beaucoup près, Pourquoi voudroit-il fe mettre à la place du Corps qui s'en rapproche d'avantage, & toujours beaucoup plus que lui?

JUSQU'ICI, nous n'avons embraffé que la Théorie; nous avons moins confidéré ce qu'eft le Commerce de la Compagnie comparé avec le Commerce particulier, que ce qu'il doit être, fuivant les régles qu'il puife dans fa propre organifation.

. Il eft temps de fortir de ces vues générales, pour en venir à leur application, & de difcuter des faits, après avoir difcuté des principes.

. Deux Régnes fe font fuccédé; celui du Privilége & celui de la Liberté. Celui-ci a rempli quinze années, tant de Paix que de Guerre; C'eft fans doute un effai bien fuffifant pour fervir de bâfe à l'expérience. Il a été brillant, cet effai, fi l'on veut en croire les Ecrivains de la Liberté. Jugeons-le. Et, quoique la Compagnie exifte à peine; quoiqu'elle n'ait pas même encore fait le nombre d'expéditions qui font néceffaires pour donner, même par apperçu, une idée de l'enfemble & du réfultat total de fes opérations; quoiqu'il y eût, dans tous les cas, une injuftice fenfible à la juger dans un moment où fes fuccès & fes pertes font néceffairement incertains, parce qu'ils font fous la dépendance des événemens ; prenons néanmoins ces ébauches mêmes, pour points de comparaifon; Et voyons :

1º De quelle manière le Commerce de l'Inde s'eft fait depuis 1769 ;

2º Ce qui en a réfulté, foit pour les Particuliers, foit pour le Royaume ;

3º Ce qu'il faut penfer des Etats donnés par les Députés, foit relativement au nombre de vaiffeaux expédiés par le Commerce libre, foit relativement à la valeur & au produit de fes importations.

§. PREMIER.

Manière dont s'eft fait le Commerce de l'Inde, depuis 1769.

C'eft fous les aufpices les plus heureux que le Commerce a commencé fes opérations. Tout ce que le Gouvernement peut donner d'encouragemens, de facilités, de récompenfés, il l'a prodigué à ceux qui fe font offerts pour en être les Fondateurs. Le Roi a prêté aux Armateurs les Vaiffeaux qu'il avoit acquis de l'ancienne Compagnie (1); Les Miniftres ont accueilli par des diftinctions flatteufes, par

---

(1) *Etat des Vaiffeaux, prêtés par le Roi, tout armés, au Commerce particulier.*
En 1770. Le Pondichéry, — le Duras, — la Digne, — le Penthièvre, — le Maffiac, — le Triton.
En 1771. Le Dauphin, — le l'Averdy, — le Briffon.
En 1772. L'Ifle de France.
En 1773. Le Caftries, — le Beaumont, — le Praflin.
En 1774. Le Gange.
En 1775. La Normande, — le Bordelais, — la Bricole.
En tout 18 Vaiffeaux.

des marques honorables de confiance, celles des Maisons de Commerce dont les Capitaux, le Crédit & les ressources offroient plus de matière à de vastes spéculations.

Cependant les Négocians ont d'abord montré peu d'empressement; tant ils étoient éloignés de croire aux grands avantages du Commerce de l'Inde; il n'y a guere eu de remarquable dans ces premiers moments qu'une Association pour le Commerce de la Chine, à la faveur des Vaisseaux qui furent prêtés par le Roi, tout armés.

Insensiblement les esprits reçurent l'impulsion que leur donnoit le Gouvernement. L'honneur national, chez quelques-uns; chez quelques-autres, l'amour-propre de paroître dignes des grandes vues dont on les rendoit les confidens & les instrumens; chez plusieurs, l'ambition & l'intérêt, d'autant plus actifs qu'ils s'exerçoient sur un objet nouveau; enfin, chez un plus grand nombre, l'espérance de mettre à profit pour leur fortune & leur considération, la qualité d'Armateur, & les bénéfices assurés que leur procureroit, indépendamment de tous les événements, la Direction des expéditions & la Commission des Marchandises; Ces causes réunies échauffèrent les têtes, & déterminèrent des entreprises assez multipliées.

Tous ces Armemens, étoient aussi différens entr'eux par la manière dont ils étoient faits, que par le caractère, les facultés, & les vues de leurs Auteurs.

Plusieurs étoient préparés avec autant d'intelligence qu'il étoit possible; les cargaisons d'exportation étoient fortes & bien choisies; les Armateurs avoient disposé, soit en piastres, soit en lettres de change, sur le Bengale, prises à Londres, les capitaux nécessaires pour des achats considérables.

dérables. Quelques-uns même, qui, par une longue résidence dans l'Inde, connoissoient parfaitement l'allure de ce Commerce, avaient fait précéder l'expédition de leurs vaisseaux par des avis & des instructions données à des Correspondans.

Dans le nombre des Maisons que nous pourrions citer pour exemple, il en est deux surtout qui jouèrent alors le plus grand Rôle. Les Chefs de ces Maisons étoient riches par eux-mêmes; ils avoient en Europe & en Asie un grand crédit; ils occupoient même les premières Places dans l'Inde. Ce fut à eux sur-tout que le Gouvernement s'adressa; les Ministres (1) ne négligèrent rien pour échauffer leur zèle, pour les exciter à faire de grands efforts. Ils cédèrent : On n'a pas, dans les seize années de la liberté, armé de plus beaux Vaisseaux, versé dans le Commerce de plus gros fonds, procuré au Royaume de plus riches cargaisons. Les Négocians qui ont suivi les ventes de 1772 & 1776 se rappelleront, entr'autres, les vaisseaux le *Chaumont*; l'*Hector*; le *Duc-de-la-Vrillière*; le *Saint-Jean-Baptiste*; le *Boynes*; le *Duc-d'Aiguillon*; l'*Aimable-Bury*. Si le Commerce de l'Inde pouvoit prospérer dans les mains des Particuliers, ceux-là avoient fait tout ce qu'il falloit pour s'assurer des succès.

Une seconde classe d'Armemens présentoit des apparences moins brillantes; &, dans la manière même dont ils étoient composés, on pouvoit lire d'avance les pertes qu'ils oc-

______

(1) M. le Duc de Choiseul, M. le Duc de Praslin, M. l'Abbé Terray leur écrivirent les lettres les plus pressantes, pour les engager à continuer, pour leur compte, les expéditions du Commerce de l'Inde. Cette correspondance existe entre leurs mains.

F

cafionneroient à leurs Intéreſſés. Des Armateurs dépourvus par eux-mêmes des capitaux néceſſaires à des expéditions de cette eſpéce, formoient, pour ſe les procurer, des Aſ-fociations particulières. Les fonds d'avance, toujours inférieurs à ce qu'ils auroient dû être, ſervoient à payer les frais d'armement, & à acheter dans nos Fabriques une partie ſeulement des Marchandiſes d'Exportation qui devoient compoſer le chargement; le reſte étoit pris à crédit. Et quant aux Piaſtres, ſans leſquelles ne peuvent ſe faire les achats dans l'Inde, on n'en avoit point; mais voici comment on les remplaçoit. On ſe procuroit à Londres, par l'entremiſe de Commiſſionaires, des Lettres de change ſur l'Inde, dont on s'engageoit à faire les fonds en Angleterre, à des époques données.

Tous ces Vaiſſeaux abordoient dans l'Inde. Et là, ſe développoient, avec plus ou moins d'intenſité, les principes de la ruine de l'expédition; l'aviliſſement des Marchandiſes exportées d'Europe, *à la vente*; le renchériſſement de celles de l'Inde *à l'achat*, par la concurrence de vendeurs pour les premières, & d'acheteurs pour les ſecondes; le taux exceſſif du change exigé par les Anglois pour les Lettres tirées ſur eux (1); l'impoſſibilité à ces Négocians, qui ne

---

(1) La roupie, dont la valeur réelle n'eſt que de 2 liv. 8 ſols, coûtoit 3 liv. ce qui déjà portoit la perte occaſionnée par le change, à 20 pour cent. On peut même produire des comptes de Commerce, d'après leſquels la roupie coûtoit, avec les intérêts, juſqu'à 3 liv. 3 ſols.

. Mais il y avoit une ſeconde manière de rendre le change encore plus cher, & ç'étoit la plus commune, ſur-tout pour les Armateurs qui, n'ayant point de Correſpondans, trouvoient plus de difficulté à ſe procurer des Marchandiſes. Les Anglois leur propoſoient de leur payer les Traites dont ils étoient porteurs, en

s'entendoient pas, de 'combiner & d'affortir leurs cargaifons ; d'où réfultoit à la vente, en France, difette abfolue
d'une partie des articles néceffaires à la confommation, &
quant aux autres, vilité de prix caufée par la furabondance ; enfin la longueur des voyages, & celle des féjours,
mortelle pour les équipages, funefte fur-tout aux Vaiffeaux,
la plupart mauvais, mal conftruits, hors d'état de réfifter.

Auffi quel a été définitivement le fort de ces Expédi-
ditions ?

Les principaux Négociants, ceux qui avoient donné
plus d'étendue à leurs fpéculations, verfé plus de fonds
dans leurs Entreprifes, y ont fuccombé, écrafés par des
pertes immenfes.

Nous pourrions nommer, & tout le Commerce les nom-
mera avec nous, quatre de ces Maifons, dont les noms
avoient toujours figuré avec diftinction, & dont le défaftre
retentit alors dans les deux Mondes.

L'enfemble de leurs opérations s'étoit élevé, dans l'efpace de huit ans, au-deffus de quatre-vingt millions ; &
le réfultat a été une perte de plus de feize.

Une feule en a perdu plus de douze, fur quarante-trois
auxquels montoient fes retours de l'Inde & fes ventes à
l'Orient.

Intelligence, Expérience, Activité, rien ne manquoit
cependant à ces Maifons. Mais elles n'ont point réfifté au
choc réuni de la plupart des Caufes qui ruineront toujours

Marchandifes. S'ils acceptoient, l'Anglois s'entendoit avec des Indiens, reprennoit
de ceux-ci, à bon compte, des Marchandifes rebutées par la Compagnie Angloife,
& les vendoit à un bénéfice de 25 & 30 pour cent.

le Commerce particulier dans l'Inde. Victimes de la concurrence; victimes des facilités même qu'elles trouvoient,
& qui, en leur offrant la perspective, toujours séduisante,
d'augmenter leurs opérations, en absorboient tout le fruit;
pouvant acheter des Marchandises à crédit, mais en les
payant un prix excessif; pouvant changer leurs Traites
d'Europe contre des Monnoies de l'Inde, mais en perdant
par le taux du change plus d'un cinquiéme de leur valeur;
elles ont fini par éprouver le sort qu'il n'est pas au pouvoir
du Négociant d'éviter, lorsqu'il trouve, réuni contre lui,
le triple obstacle des hommes, des choses & des lieux (1).

____

(1) Contre des faits réels, l'esprit de système trouve toujours des exceptions dans
des possibilités. Croyez, dira-t-on, que d'autres Négociants, également accrédités,
sçauront se procurer des Marchandises ou des fonds à meilleur compte; que, ne
supportant pas les mêmes charges, ils éviteront les mêmes pertes, & qu'ils pourront
enfin obtenir des résultats avantageux.

On s'en flateroit vainement; &, pour l'homme qui connoît la marche du Commerce dans l'Inde, & le prix de l'argent par-tout, cet espoir sera toujours une
chimère.

En Asie, mais singulièrement dans tous les Etablissements Anglois de l'Inde,
l'intérêt ordinaire, courant, légal, est de 12 pour cent. Le Négociant qui vend
à l'Armateur la Marchandise qu'il a fait fabriquer, fait d'abord sur la vente, un
bénéfice de vingt-cinq à trente pour cent. Et, s'il n'a reçu en payement, que des
effets à terme, il retient un escompte de dix pour cent, pour tout le temps que
ces effets ont à courir.

L'Armateur fera-t-il ses fonds en France? Portera t-il des Piastres? Il évitera
les inconvéniens que lui faisoit subir dans l'Inde le défaut de capitaux réels: mais
ce sera pour en subir d'autres ici. Ce n'est point dans sa caisse, pas même dans celle de
ses intéressés, s'il en a, qu'il trouve ces fonds de plusieurs millions. Il faut qu'il en
emprunte, au moins une partie, à la grosse, c'est-à-dire à raison de 28 ou 30
pour cent, pour le terme de 20 mois. Quels bénéfices, on le demande, seront assez
considérables pour indemniser l'Armateur de cette prime énorme que lui coûtent
les Emprunts?

Mais fi le Commerce de l'Inde a été fatal à des Maifons du premier ordre, on peut juger combien, dans les claffes inférieures, il en a renverfé. Les Regiftres Confulaires, compulfés à cette époque, dans les villes maritimes fur-tout, fourniroient un détail de faillittes vraiment effrayant. Ces chutes multipliées ont peut-être fait moins de fenfation que celles qui ébranlent la Maffe entière du Commerce; mais leur réunion n'en a pas moins produit des effets dé-faftreux. Et, d'ailleurs, combien de Citoyens ont perdu les capitaux confidérables qu'ils avoient imprudemment verfés dans les affociations? Croira-t-on que tant de bleffures puiffent attaquer les fortunes particulières, fans qu'il en réfulte une plaie pour l'Etat & pour le Commerce?

On s'eft enfin inftruit à force de défaites. Au bout de quelques années, il a été bien démontré, pour tout Négociant qui avoit quelque chofe à perdre, ou que n'aveugloit pas un fol entêtement, que le Commerce de l'Inde, fait directement par les Particuliers, ne pouvoit être que ruineux, & que de plus longues tentatives ne feroient qu'amener de plus groffes pertes. D'un autre côté, les Capitaliftes, détrompés par trop d'expériences réitérées, de l'illufion des efpérances qu'on leur avoit fait concevoir, avoient fermé leurs Caiffes, & portoient leurs fonds dans des Entreprifes plus fûres.

Alors les Armateurs ont pris une autre marche, fe font ouvert une autre route. Malheureux quand ils avoient travaillé pour eux-mêmes, ils fe font mis à travailler pour d'autres. Ils avoient beaucoup perdu à vouloir être les

Rivaux, les Concurrens des Anglois dans l'Inde. Pour recouvrer une partie de leurs pertes, ils se font réduits à être leurs Facteurs & leurs Voituriers.

On fçait que, par une fraude, ou tolérée, ou foiblement contenue, les Agens & les Employés de la Compagnie Angloife font fabriquer, ou achétent, pour leur compte, beaucoup de Marchandifes. Ce qu'ils ne parviennent pas à vendre dans l'Inde, ils font obligés de le faire tranfporter en Europe ; & de tous les débouchés, celui de la France eft celui qu'ils préférent, foit parce que les Marchandifes de l'Inde s'y vendent mieux, foit parce que leurs fonds paffent plus aifément dans leur Patrie.

C'eft delà qu'au bout de quelques années, la plupart de nos Négociants font partis pour bâtir leurs nouvelles fpéculations, & réduire leur Commerce à un Commerce de Fret. Leurs expéditions étoient combinées fur ce Plan. Ils chargeoient fur leurs Vaiffeaux quelques Marchandifes d'Europe, foit pour l'Inde, foit pour les Ifles de France & de Bourbon. Après s'en être défaits le moins défavantageufement qu'il avoit été poffible, ils faifoient avec des Anglois un Traité d'Affrétement, fe chargeoient de rapporter à l'Orient leurs Marchandifes, de les y vendre fous leur propre nom, & d'en faire repaffer le prix en Angleterre. Le prix du Fret & la Commiffion, tels étoient les bénéfices de ces entreprifes.

Ainfi nos Vaiffeaux continuoient de naviguer dans l'Inde ; le Pavillon François flottoit encore, comme auparavant, dans ces mers ; mais ce n'étoit plus avec l'honneur qui l'y avoit toujours fuivi; il ne s'y montroit plus que chargé de recéler les Produits d'une Fraude Domefti-que, & de les rapporter chez fa propre Nation pour en enrichir une autre à fes dépens.

Ce Tableau n'a rien d'exagéré. Si le Lecteur veut jetter les yeux fur les *Apoftilles* jointes à l'état des 341 Vaiffeaux, il verra à quel point, fur-tout depuis la guerre, ces Affrétemens s'étoient multipliés.

Déjà, dans la Défenfe Préliminaire de la Compagnie, on a cité quelques faits, propres à faire fentir jufqu'à quel excès étoit porté cet abus de la liberté. Nous les rappellerons ici d'autant plus volontiers, qu'ils font, & plus frappants par eux-mêmes, & plus voifins de l'inftant où nous écrivons.

C'étoit au moment même où les Négocians inondoient la France de leur premier Mémoire contre la Compagnie, que la *Notre-Dame-du-Mont-Carmel* rentroit à l'Orient, avec une Cargaifon vendue *trois millions*, & toute entière pour le compte de cinq Anglois.

De 1260 balles, dont étoit chargé le Vaiffeau la *Bretagne* rentré à-peu-près dans le même temps, 1225 étoient revenus à fret; trente-cinq feulement étoient pour le compte de l'Armement (1).

____

(1) Page 22 des *Idées préliminaires*, on a dit, en parlant de cette Expédition, *Que des 1260 Balles de Marchandifes, il y en avoit 35 feulement pour le compte de l'Armateur*, qui étoit ruiné fans le bénéfice éventuel du fret. On a voulu dire qu'il y en avoit 35 feulement *pour le compte de l'armement*, qui feroit devenu malheureux pour les Intéreffés fans le bénéfice du Fret. Un Armement peut n'avoir point

Plus récemment encore la *Chancellière de Brabant* a rapporté un Chargement de 1900 balles, dont, à quelquesunes près, la totalité étoit pour trois Maisons étrangères (2).

Et voilà ce que l'on appelle faire le Commerce de l'Inde! Faire un *Commerce National !* On crie bien haut que l'on demande le retour de la liberté; & la vérité est, que ce que l'on demande n'est que le rétablissement d'un *Privilége d'Affrétement.*

Cette assertion n'est pas plus une exagération qu'une ironie. C'est un fait dont le Commerce particulier nous a lui-même administré les preuves. En voici deux qui ne paroîtront pas suspectes.

En 1775, les *Directeurs du Commerce de la Province de Guyenne* donnèrent au Gouvernement un Mémoire *sur la liberté absolue du Commerce de l'Inde* (3); & voici ce qu'ils y disoient:

Nos liaisons avec les Etrangers influeront pour nous sur ce Commerce, jusques dans les mers des Indes. On sçait combien font considérables les affaires que font les Agents & les Officiers des Compagnies Européennes pour leur compte particulier. On connoît les difficultés qu'ils éprouvent pour faire leurs retours

---

de succès sans occasionner ni la ruine, ni la perte du crédit de l'Armateur. Et, dans le fait, la fortune & la consistance personnelle de celui qui avoit fait cette Expédition, sont au-dessus d'un événement de ce genre.

Note des Actionnaires.

(2) Ce fait peut être vérifié au Bureau de la Douane de l'Orient.

(3) Ce Mémoire fut communiqué à la Communauté de l'Orient, & il est imprimé, avec les Réponses marginales du Maire de l'Orient.

par

par les Vaisseaux de leurs Compagnies. Nous leur offrirons des moyens pour faire ces retours avec sûreté, & nos Capitaines en traiteront avec eux. Ainsi une partie considérable des Marchandises provenant du Trafic des Compagnies passera dans nos Ports, (& notre argent chez nos voisins) & cette branche deviendra une des plus lucratives de ce Commerce, (& des plus ruineuses pour la France).

Voilà la profession de Foi d'un Corps de Négocians, tracée de la main même de ses Représentans; car on n'oublie pas que ce sont *les Directeurs du Commerce de la Province de Guyenne* qui parlent.

Voici celle d'un Négociant particulier. Ce Négociant est le sieur Nairac. Le 14 Mai 1787, il adresse à M. le Controleur-Général un Mémoire (1) pour obtenir la permission d'envoyer dans l'Inde le vaisseau l'*Imposant*, alors en route pour l'Isle de France.

Nous ne citerons de ce Mémoire, qui est assez long, que quelques passages, qui contiennent plus éminemment la Doctrine & les projets de son Auteur.

Lorsque le Privilége accordé à la Compagnie des Indes, dit le sieur Nairac a privé les Villes Maritimes du Royaume, d'un Commerce qu'elles avoient étendu considérablement, notre Maison avoit établi des correspondances qui avoient successivement fait entrer, tous les ans, dans le Royaume, huit à dix millions de Marchandises appartenant aux Etrangers.

----

(1) Ce Mémoire fut renvoyé par le Ministre à la Compagnie ; la réponse, peu difficile à faire, il faut en convenir, parut assez satisfaisante pour que la demande du sieur Nairac ne fût point écoutée.

G

Le fieur Nairac, après avoir fait l'éloge de cette opération, annonce que ces projets peuvent renaître, fi le Miniftre veut leur accorder la permiffion de faire paffer leur Bâtiment dans l'Inde, *où il iroit recevoir* (des Anglois) *une Cargaifon qu'il rapporteroit à l'Orient*, (& dont le fieur Nairac feroit repaffer les produits à Londres).

Il affûre que *ce début d'opération deviendroit la matière d'un très-grand Commerce que la fageffe du Miniftre doit concentrer dans le Royaume.*

Et il finit en difant : *Depuis que les Adminiftrateurs, qui ont favorifé le rétabliffement de la Compagnie des Indes, ne font plus en place, les Etrangers qui avoient eu le projet de former des liaifons de Commerce avec les Négocians François reviennent à nous, & renouvellent leurs anciennes propofitions. Celles qui viennent de nous être faites nous engagent à vous fupplier de nous accorder la permiffion provifoire que nous vous avons demandée, &c.*

On voit que nous ne fuppofons rien, quand nous mettons en fait, pour le paffé, que le Commerce de l'Inde n'étoit plus guères, dans la main des Armateurs, qu'un Commerce d'Affrétement ; pour l'avenir, qu'ils ne redemandent la liberté que pour en faire le même ufage, c'eft-à-dire pour redevenir les Voituriers & les Commiffionnaires des Etrangers.

§. II.

Ce qui a résulté de la manière dont le Commerce de l'Inde a été fait par les Particuliers, soit pour eux-mêmes, soit pour l'Etat.

Quand les faits sont bien connus, les conséquences se tirent d'elles-mêmes.

De deux méthodes successivement adoptées par les Négocians particuliers, pour faire le Commerce de l'Indè. On a vu :

Que la première, celle de le faire directement, avoit été ruineuse pour ceux qui l'avoient entrepris;

Que la seconde seule avoit donné quelques profits ; mais comment, mais quels profits ?

Les Défenseurs du Commerce particulier ne nous passent même pas la première de ces deux assertions. Ils veulent que nos Négocians ayent pû faire & qu'ils ayent fait le Commerce de l'Inde avantageusement pour eux-mêmes.

Et Quelles sont leurs preuves ? Ces onze vaisseaux armés du seul port de Marseille, de 1771 à 1785 , & qui ont donné à leurs Armateurs des profits considérables : Ils en tirent cette conclusion, qui paroît toute naturelle; Donc ce qui s'est fait, pourra se faire ; Donc les pertes essuyées par d'autres Négociants, ne prouvent que leur impéritie, & le vice de leurs expéditions.

Toutes les fois qu'une objection est dans un fait, il suffit d'expliquer le fait; & l'objection tombe.

Résultat pour
les Particuliers.

G ij

Si ce petit nombre de fuccès a eu fon principe dans des caufes particulières , dans des eirconftances du moment, dans des événemens qui, par leur nature même, font tout-à-fait hors du cercle de ceux qui réglent les chances du Commerce Maritime, ils prouvent pour le cas parti-culier ; mais que prouvent-ils pour le général ? Rien.

Un Vaiffeau eft expédié pour l'Inde. Mais il étoit char-gé de Marchandifes ou de denrées Nationnales, pour les Ifles de France & de Bourbon. Il les y a vendues à 100, 150, 200 pour cent, de bénéfice. Il a paffé de-là dans l'Inde, & en eft revenu avec un chargement quelconque. Le compte de l'expédition fe fait. Tout a été bénéfice fur la Cargaifon vendue aux Ifles ; on eft en perte, ou au pair, fur celle achetée dans l'Inde. Cependant le réfultat total eft avantageux. Mais cet avantage eft-il le fruit du voyage de l'Inde ?

Plufieurs années de guerre avoient épuifé nos Etablif-femens dans l'Inde de Vivres & de Marchandifes d'Eu-rope. A la première nouvelle de la paix, un Bâtiment fera parti, chargé entièrement de Vivres & de Marchandifes ; il les aura vendues avec un bénéfice énorme ; & l'expédition aura été heureufe. Que pourra-t-on en conclure ?

Une Efcadre confidérable étoit reftée dans l'Inde pen-dant plufieurs années, même après la paix (1). Quelques Ar-mateurs y ont alors porté des fubfiftances, dont le débit étoit sûr, à raifon du furcroît de confommation qu'occa-fionnoit cette Efcadre. Ils y ont beaucoup gagné. Quelle conféquence encore ?

____

(1) L'Efcadre de M. de Peynier.

A l'iſſue de la Guerre, les Compagnies Angloiſe & Hollandoiſe, dénuées de capitaux, & uniquement occupées dans l'Inde, du ſoin de liquider leurs dettes, avoient peu contracté de marchandiſes, & en expédioient peu pour l'Europe. Moins chères dans l'Inde par le moins de concurrence, elles l'étoient davantage en Europe, parce que la Guerre nous en avoit affamés; un ou deux Négocians auront ſaiſi le moment favorable, acheté dans l'Inde à bon marché, revendu chérement en France. Qu'en réſultera-t-il encore ?

Enfin un Armateur eſt parti pour l'Inde avec quelques Marchandiſes, & peu ou point de Piaſtres, ou de Lettres-de-Change. Arrivé dans l'Inde, il y a, bien ou mal, vendu ſes Marchandiſes, & , du produit de la vente, a acheté quelques Toiles pour ſon compte. Mais il a trouvé des Anglois qui vouloient faire paſſer leurs fonds en Europe; il eſt convenu avec eux de leur louer ſon Vaiſſeau pour le tranſport, & ſon nom pour la vente. Le prix de Fret, & celui de Commiſſion ont été avantageux. Le voyage a donné du profit. Mais eſt-ce au Commerce direct de l'Inde que l'on peut en faire l'honneur ?

Voilà l'hiſtoire de chacune de ces Expéditions, ſi fortunées, ſi riches. Leur ſuccès, s'il eſt tel qu'on le dit, a été l'ouvrage de quelqu'une de ces cauſes, ou de pluſieurs réunies. On en jugera encore mieux par les détails ſuivants que nous ont adminiſtrés les Actionnaires.

Texte du Mémoire.	*Obſervations.*
En 1771, *le Navire le* Conquérant, *de* 260 *Tonneaux, expé-*	Chargé, pour la majeure partie, en marchandiſes de-

Texte du Mémoire.

dié de Marseille , armé par la maison Rabaud, chargé , un tiers en argent , & deux tiers en Marchandises pour Pondichéri & Chandernagor ; sur un capital de 500,000 liv. , a donné 65 pour 100 de bénéfice.

En 1776 , La Philippine de 600 Tonneaux , même Port , même Armateur , chargée en Piastres & Marchandises ; de retour à Marseille en 1778 , & ayant eu dans le Bengale la concurrence de treize autres Navires François , sur un capital de 984,000 livres , a donné de bénéfice 50 pour 100.

Observations.

stinées pour les Isles de France & de Bourbon. Elles y ont été vendues très-avantageusement.

Delà, il est passé dans l'Inde. Revenu à l'Isle de France, il y a été condamné : & son chargement porté dans nos Colonies. Cette expédition n'a rien de commun avec le Commerce de l'Inde.

Cargaison en Marchandises d'Europe, vendues aux Isles de France & de Bourbon avec un profit immense. Si elles avoient été portées au Bengale, il n'y auroit eu que de la perte. Nos Denrées & nos Marchandises y étoient alors pour rien. (1) Le Vaisseau est revenu de l'Inde, chargé à fret, en tout ou en grande partie.

---

(1) Le Fer, à 12 liv. *le Man*, de 76 livres, 4 onces.

Le Cordage, à 22 liv. 10 sols le cent.

Le Vin en bouteilles, à 30 sols.

Le Madère, à 400 liv. la pipe.

L'Eau-de-Vie, de 3 liv. 15 sols à 4 liv. la velte.

Le Cuivre, de 18 à 20 sols la livre.

Le Brai & le Goudron, sans prix & sans demande.

Texte du Mémoire.

En 1782, Le Victor-Amédée *de 500* Tonneaux, & le *Comte du Perron de 600, expédié pour Bourbon & l'Inde, fous Pavillon du Roi de Sardaigne, ont fait leur retour ; l'un avec une cargaifon de Toiles du Bengale & de la côte ; l'autre avec Café, Poivre, &c. &, quoiqu'armés en tems de guerre, & par conféquent à grands frais, ont donné, en 1784, fur un Capital de 7 à 800,000 liv., chacun environ 40 pour 100.*

En 1783, la Conftante-Pauline, *même Port, même Armateur, expédiée pour le Bengale, fept huitièmes en Marchandifes, un huitième en Piaftres, de retour en 1784 ; fur un Capital d'environ 600,000 liv., a donné plus de 60 pour 100.*

La Félicité, *fur un Capital d'1,000,000, 80 pour 100.*

Obfervations.

Les Ifles de France & de Bourbon ont feules fait la fortune de cette expédition. Sa date le prouve. C'étoit le moment où nos forces navales étoient réunies dans ces Ifles, & où les denrées & les marchandifes d'Europe y étoient au prix le plus exceffif. Quarante trois millions fix-cents mille livres furent tirées par l'Intendant de ces Ifles, dans un efpace de 29 mois. Le *Victor-Amédée* & le *Comte du Perron* y ont participé, & ça été la vraie caufe de leur bénéfice.

Ces deux expéditions fe font faites directement pour l'Inde. Mais leur fuccès a été le fruit de circonftances uniques. La guerre venoit de finir. Il y avoit, dans l'Inde, difette abfolue de marchandifes Européennes. Elles y étoient à un prix exorbitant. Auffi voit-on que ces Vaiffeaux étoient chargés pour la prefque totalité (*pour les fept*

Texte du Mémoire.	Obſervations.

Obſervations.

huitièmes) en Marchandiſes.

D'un autre côté, les Anglois & les Hollandois n'ayant point alors, faute de fonds, fait d'expéditions de la côte de Coromandel, les Toiles néceſſaires à nos manufactures, celles que l'on employe au Commerce de Guinée, y étoient à bon marché, & fort chères en Europe. (1)

En 1784 le Conſolateur, *de* 600 *Tonneaux, a donné à ſon retour à l'Orient, ſur* 1,200,000 *liv. de capital,* 55 *pour* 100.

Cargaiſon d'Europe, vendue aux Iſles, & le prix réaliſé aux Iſles mêmes, de la manière la plus avantageuſe, graces à une circonſtance particulière. (2)

Des Iſles, le Vaiſſeau a

---

(1) On peut en juger par comparaiſon. La toile bleue, réduite aujourd'hui de 20 à 26 liv. la piéce, s'eſt vendue, pendant les trois ou quatre premières années qui ont ſuivi la paix, de 45 à 55 liv.

(2) Tout le monde a entendu parler de la faillite d'un Armateur, alors célébre, de l'Iſle de France, de Dariffat. Il avoit manqué de plus de 18 millions. La plupart des maiſons de Commerce des Iſles de France & de Bourbon entroient dans la Faillitte comme cautions. Obligées de payer, & n'ayant dans leurs Caiſſes que des Lettres-de-Change ſur Europe, à plus ou moins de terme, elles cherchoient à les échanger, même avec perte ſur l'eſcompte, contre du *papier-monnoie* des Iſles. Quelques Armateurs, alors ſur les lieux, & qui, du produit de leurs ventes, avoient acquis de ce *papier-monnoie*, firent l'opération, & y gagnèrent beaucoup, De ce nombre étoit celui du *Conſolateur.*

paſſé

Texte du Mémoire.

Observations.

*En 1785, les Navires, la Con-
stante-Pauline , le Coromandel, le Malabar , la Philippine
expédiés par la même Maison,
les trois premiers de retour à
l'Orient, la Philippine atten-
due ; le bénéfice du premier, sur
un capital de plus d'un million,
réalisé à 80 pour 100. Le bénéfice des trois autres, sur un
Capital de 1,200,000 liv. pour
chacun, promet d'être de plus
de 60 pour 100.*

passé aux Indes. Il en est revenu, avec les deux tiers de
son chargement à fret. Ainsi
la vente aux Isles, le fret,
voilà les deux causes du succès de l'expédition.

Nous n'avons de renfei-
gnements que sur le *Coromandel* & la *Philippine.*

Tous deux ont d'abord tou-
ché à l'Isle de France, & y
ont vendu leur cargaison.

Au moment où le *Coroman-
del* arrivoit à Pondichéry, on
désarmoit le *Marius.* La perte
de celui-ci a fait la fortune
de l'autre. Il est revenu avec
un fret complet. La *Philippine*
a suivi à peu près la même
marche. Elle ne portoit dans
l'Inde que 60,000 Piastres ;
c'est-à-dire, un peu plus de
cent - mille écus. Aussi son
chargement de retour a-t-il
été, pour la majeure partie,
à fret.

On peut, par ces premières esquisses, prendre d'avance
une idée des Tableaux que l'on a opposés à la Compagnie;

H

Ces détails, ces explications, ces débats, inutiles peut-être dans toute autre circonftance, étoient ici indifpenfables, non pas feulement pour la queftion de fait qu'ils font deftinés à éclaircir en ce moment, mais pour fervir à l'éclairciffement de toutes celles du même genre, qui fe préfenteront dans la fuite. On met en avant des Tableaux, des Apperçus impofants; vous êtes d'abord fubjugué par les réfultats; mais vous approchez, vous divifez, vous vérifiez article par article; & le preftige difparoît.

Ne laiffons pas échaper fans y répondre, une objection qui préfente quelque chofe de fpécieux. « S'il étoit vrai, » dit-on, que le Commerce de l'Inde eût fait & dût faire » tant de mal à ceux qui l'ont entrepris, ou qui l'entrepren- » dront, pourquoi cette réclamation univerfelle des Né- » gocians? Pourquoi demandent-ils, à grands cris, le droit » de le reprendre? Sollicite-t-on, avec tant de chaleur, » la permiffion de fe ruiner »?

Ce feroit d'abord une queftion que de fçavoir ce qu'il faut entendre par cette prétendue *univerfalité*, ce préten-du *vœu général* du Commerce. Les Actionnaires affûrent que ce qu'il y a de Maifons vraiment confidérables dans le Commerce Maritime (on entend celles qui ont fait le Commerce de l'Inde) font fort éloignées de défirer une liberté dont elles croiroient avoir tant de raifons de ne point faire ufage. Ils paroiffent certains qu'on ne leur montrera ni le nom ni la fignature d'aucune de ces Maifons, fur les Mémoires donnés au Gouvernement contre la Compagnie.

Quant à ceux qui fe portent réellement pour fes Parties, ils ont perfonnellement un excellent motif pour ne point s'arrêter aux dangers que préfente le Commerce de l'Inde exploité par les Particuliers. C'eft que ces dangers ne font point pour eux.

Rendus à la liberté, ils feront ce qu'ils faifoient avant le rétabliffement de la Compagnie; ils auront recours, ou aux *Affociations*, ou aux *Affrétemens*.

Dans le premier cas, le bénéfice de l'Armateur eft fûr, indépendamment du fort de l'expédition. Quelle que chofe qui arrive, il aura toujours, de refte, la commiffion qu'il aura gagnée fur l'armement, fur les Marchandifes dont il a fait l'achat, fur la conduite de l'expédition qu'il a dirigée exclufivement.

Dans le fecond, il réunira le double produit du fret & de la Commiffion que lui payeront les Etrangers dont il aura voituré & vendu les marchandifes, & à qui il en aura remis les fonds.

Dans l'un & dans l'autre, fes Intéreffés courront feuls des rifques; & il joindra encore à fes profits pécuniaires, l'avantage très-réel de procurer à fon nom la confidération qui fuit ordinairement les grandes entreprifes; de fe donner une confiftance fictive mais impofante; & de trouver, même dans cette augmentation précaire de fon crédit, des ref-fources pour d'autres fpéculations.

C'eft à l'Adminiftration à difcerner ces petites vues, à travers les grands objets dont elles s'environnent, & les grands mots dont elles fe parent.

MAIS voici le point qui mérite de fixer toute fon attention, & fur lequel auffi nous défirons de la ramener toute entière.

Réfultat pour le Royaume.

H ij

C'eſt le rapport eſſentiel, intime, qui lie les vices du Commerce particulier à l'intérêt Public ; c'eſt cette vérité, ſi importante pour le Gouvernement François, que, de quelque manière que le Commerce de l'Inde ait été fait dans l'intervalle de la liberté, ſoit directement & pour notre compte, ſoit par affrétement, & pour compte étranger, il a toujours eu pour l'Etat, des effets funeſtes, & lui a cauſé de grandes pertes.

Suivons - le d'abord ſous le premier point de vue ; comme Commerce direct.

Puiſque ce n'eſt point, à proprement parler, un Commerce d'échange ; puiſqu'il ſe traite principalement avec de l'argent, & que l'Inde abſorbe, continuellement & ſans retour, plus ou moins de notre numéraire, celui qui le fait de la manière la plus utile ou la moins préjudiciable à l'Etat, eſt celui qui, pour obtenir une quantité égale ou même ſupérieure de Marchandiſes, employe moins de capitaux. La propoſition eſt inconteſtable.

Or, de tous les détails dans leſquels nous ſommes entrés, réſulte la double démonſtration, 1º que les Négocians particuliers ont payé les marchandiſes qu'ils ont achetées dans l'Inde, 25 & 30 pour cent au-deſſus de leur vraie valeur. 2º Qu'une Compagnie les paye 25 & 30 pour 100 de moins qu'eux.

La conſéquence eſt claire. Donc, une Compagnie des Indes, fait ſortir du Royaume moins de numéraire que les Négocians particuliers. Et de qu'elle importance paroîtra ce premier apperçu, ſi l'on fait réflexion, d'une part, que c'eſt ſur pluſieurs millions que roule le calcul, &, de l'autre, que la différence eſt de plus d'un quart.

Mais il eſt un autre rapport ſous lequel cette différence eſt encore plus ſenſible, & ſes effets plus préjudiciables à la France.

Que nos Capitaux aillent, tous les ans, ſe perdre dans l'Inde, c'eſt ſans doute un grand mal, puiſque les agrémens de luxe, qu'elle nous procure, ne compenſent pas l'affoibliſſement que nous cauſe la perte de notre Numéraire. Mais combien ce mal eſt-il plus grand, ſi c'eſt une Nation Européenne, une Nation rivale, ſouvent même ennemie, qui s'enrichit de cette perte, & augmente ſon Numéraire d'une partie de celui qui nous échappe !

Or c'eſt ce qui eſt conſtamment arrivé, tant que nos Négociants ont fait directement le Commerce de l'Inde. Réduits, faute de Piaſtres, à prendre en Angleterre des Lettres - de - Change ſur l'Inde, ils payoient aux Anglois, 1° Des frais de Commiſſion pour cette Négociation. 2° Toute la différence de l'échange de cés Lettres contre la monnoie effective de l'Inde ; & nous avons vu que cette différence étoit à l'avantage des Anglois, de plus de 20 pour cent. 3° Un prix d'Echange encore plus fort, lorſqu'en paiement de leurs Traites, ils conſentoient à prendre de mauvaiſes Marchandiſes, que les Anglois leur vendoient avec un bénéfice de 25 & 30 pour 100.

C'étoit donc plus d'un quart du Numéraire deſtiné au Commerce de l'Inde, que cette méthode faiſoit paſſer en Angleterre. C'étoit, ſur une donnée de vingt millions, plus de cinq qu'elle enlevoit annuellement à la France.

Et ces cinq millions, une Compagnie les lui conſerve, par cela ſeul qu'elle achéte de la première main, & qu'elle fait ſes achats avec les Piaſtres qu'elle a exportées.

Paſſons au Commerce de *Fret*.

Il eſt inutile de répéter ici ce que tout le monde a penſé, ce qu'ont dit avant nous tous les François jaloux de l'honneur de leur pays : qu'une Nation qui ſe reſpecte, & à qui ſa ſituation permet de Commercer directement, né doit pas ſe réduire volontairement à l'emploi mercénaire de fréter ſa Marine à une Nation étrangère, & cela, pour ſe procurer les objets de ſa propre conſommation. Il ne s'agit ici que de ſavoir juſqu'à quel point cette méthode peut influer ſur la balance du Commerce. Or nous ſoutenons qu'elle la fait pencher abſolument contre nous, & que le déſavantage pour la France eſt énorme.

Au Fret & à la Commiſſion près, que gagnent nos Armateurs, tout le bénéfice qui ſe fait à la vente eſt pour le Propriétaire Anglois; & ce bénéfice pris ſur nous, puiſque c'eſt nous qui conſommons, paſſe tout entier à Londres. Et, comme nous n'avons à oppoſer à l'Angleterre aucune opération de ce genre qui puiſſe nous dédommager, & rétablir l'équilibre, la perte eſt totale.

Que le Commerce direct eût porté vingt millions dans l'Inde; Que les Marchandiſes achetées de ces 20 millions, en euſſent donné, à la vente en France, trente, tous frais faits, c'eſt-à-dire trente de produit net; c'étoit à la vérité une contribution de dix millions que le luxe payoit au Commerce : mais il la payoit au Commerce François. C argent reſtoit dans le Royaume, & la circulation, l'induſtrie, le Commerce intérieur rendoient bientôt aux Conſommateurs ce que le goût de ces ſuperfluités leur avoit coûté. Mais, depuis que nos Armateurs ont été réduits, par foibleſſe, par impuiſſance, à fréter leurs

Bâtimens aux Etrangers; c'eſt à eux que nous avons payé ce bénéfice entier; & nous ſommes réellement devenus leurs Tributaires juſqu'à cette concurrence.

Achevons de porter cette vérité affligeante juſqu'au dégré d'évidence auquel elle peut atteindre.

C'eſt, dans cette partie, une Notion élémentaire, qu'entre deux Nations, qui ont enſemble des rapports de Commerce, la Balance eſt en faveur de celle dont les Exportations excédent les Importations. La raiſon en eſt ſimple; Elle vend plus qu'elle n'achéte. L'excédent de ſes ventes ſur ſes achats eſt parconſéquent un bénéfice pour elle, &, dans la même proportion, une perte pour ſa Rivale.

Mais à quoi peut-on reconnoître cette poſition reſpective, cet Avantage de l'une des deux Nations ſur l'autre? A un ſigne ſûr; le Change.

Celle des deux Nations qui a tiré de l'autre plus qu'elle ne lui a fourni, eſt conſtamment ſa Débitrice. Elle a donc à lui payer plus qu'à en recevoir. C'eſt avec les Traites de ſes propres Négociants, ſur ceux de ſa Créancière, qu'elle s'acquite. Mais, moins il eſt dû aux premiers, plus ces Traites ſont rares; & plus ceux qui en ſont Propriétaires les font payer à ceux qui en ont beſoin.

Voilà ce qu'on appelle avoir le Change pour ou contre ſoi. La Balance eſt néceſſairement en faveur de la Nation qui doit moins, & contre celle qui doit plus. Et le défavantage, pour celle-ci, eſt d'autant plus marqué, que ſa Dette eſt plus forte, & que les remiſes qu'elle a à faire ſont plus conſidérables.

Il ne reſte plus qu'à faire l'application. Pour qui, de

Londres ou de Paris, a été le Thermométre, depuis le moment où nos Négocians ont eu réduit le Commerce de l'Inde à un Commerce d'Affrétement & de courtage? Il n'y a qu'à vérifier les Tableaux du Change.

On y verra qu'avant l'époque à laquelle ces opérations se font si fort multipliées, le Change étoit, ou au pair, ou à notre avantage; & qu'à partir de cette époque, mais singulièrement de 1771 à 1777, il a augmenté, contre nous, dans une proportion sensible, de laquelle il n'a même pas encore décliné (1).

Eh! comment la Chance n'auroit-elle pas été contre nous, lorsque, de tous côtés, le Commerce particulier conspiroit pour augmenter notre Dette Commerciale?

L'Angleterre gagnoit sur les Lettres-de-Change que nos Armateurs y achetoient pour faire le Commerce de l'Inde; parce que les Anglois eux-mêmes ne les acquittoient qu'avec un Bénéfice sur les espéces, qui en diminuoit la valeur de plus d'un cinquiéme.

Elle gagnoit sur les Marchandises de l'Inde que ces Armateurs voituroient en France pour le compte des Anglois; qu'ils nous vendoient; & dont le prix passoit en Angleterre.

Elle gagnoit enfin, sur celles que, faute d'Assortimens dans les importations du Commerce particulier, nous étions obligés d'aller acheter dans ses Marchés, & qu'elle nous faisoit payer un quart en sus de ce qu'elles nous auroient couté, achetées de la première main.

C'est en suivant la méthode directement opposée à celle

____

(1) Il est aujourd'hui à vingt-neuf un quart.

du

du Commerce Particulier , qu'une Compagnie eſt venue fermer ces Ouvertures par leſquelles s'écouloit hors de la France, une partie de ſon Numéraire. Elle a donc encore, ſous ce point de vue, bien mérité de l'Etat, tandis que le Commerce Particulier ſemble n'avoir travaillé que pour l'appauvrir. Et c'eſt elle qu'on parle de ſupprimer ! Et c'eſt à lui qu'on propoſe de revenir !

§. I I I.

Examen des Etats donnés au Gouvernement par le Commerce Particulier.

Rien de plus propre à captiver l'Opinion Publique que ces Etats. Chaque Tableau ſe réduit à un fait unique. Pour ſaiſir ce fait, il ne faut ni réfléchir, ni raiſonner; il ne faut que lire; c'eſt moins une opération de l'eſprit qu'une opération des yeux, & la perſuaſion eſt d'autant plus rapide, qu'elle eſt née ſans travail.

Un autre avantage de ce genre de preuves, c'eſt qu'il eſt à la portée de tout le monde, & qu'il ſert encore mieux l'amour-propre que la pareſſe. Ici, par exemple, on peut n'avoir pas la plus légère teinture du Commerce; n'être point allé dans l'Inde ; en ignorer même la Carte, & cependant ſe croire en état de prononcer ſur la queſtion ; il ſuffit, pour cela, de ſavoir calculer que des Négociants qui ont importé, année commune, pour plus de vingt-deux millions de Marchandiſes, & expédié, en quinze ans, 341 Vaiſſeaux, ont plus étendu le Commerce National, qu'une Compagnie qui n'a importé de Marchan-

I

difes que pour treize millions, & expédié moitié, ou deux tïers moins de Vaiſſeaux.

Mais, plus ces démonſtrations ſont faciles, plus elles doivent être vraies. On pardonne de mauvais raiſonnemens, parce qu'ils peuvent être de bonne-foi; parce que celui qui les a propoſés, n'a voulu tromper ſes Lecteurs ou ſes Juges qu'après s'être trompé lui - même; enfin parce que les bons eſprits auxquels ils ſont ſoumis, peuvent les rectifier. Mais des Faits faux, des Etats inexacts ſe pardonnent difficilement, parce que rarement les erreurs ſont involontaires, & que celui qui les adminiſtre, n'a guères à choiſir qu'entre le reproche de mauvaiſe-foi, & le reproche de négligence.

Cela poſé, examinons les Etats du Commerce Particulier.

Il y en a trois principaux :

Celui des Importations du Commerce libre comparées avec les Importations de l'ancienne Compagnie;

Celui des Vaiſſeaux expédiés, par le Commerce libre, depuis 1769 juſqu'en 1785;

Celui des Capitaux néceſſaires pour le Commerce de l'Inde.

Premier Tableau. Celui des Importations.

En fait de calculs comme de raiſonnemens, c'eſt toujours la conſéquence qu'il faut enviſager. Qu'importe que votre calcul ſoit vrai, que votre raiſonnement ſoit juſte, s'ils ne prouvent rien pour la Queſtion? Autant vaudroit qu'ils fuſſent faux, que d'être inutiles.

Les Adverſaires de la Compagnie actuelle préſentent d'une main, le Tableau des Importations de l'ancienne

Compagnie, depuis 1725 jufqu'en 1768 ; de l'autre, le Tableau des Importations du Commerce libre, depuis 1771 jufqu'à 1782. « Voyez, difent-ils, dans le Tableau de
» l'ancienne Compagnie, l'année commune, prife fur trente-
» quatré, ne s'élever qu'à treize millions; tandis que, dans
» celui du Commerce libre, l'année commune, prife fur
» douze, dans lefquelles il y en a eu fix de Guerre, s'éléve
» à onze millions; & l'année commune, prife fur les fix
» années de Paix feulement (1), à vingt-deux. Voyez la
» plus forte année de l'ancienne Compagnie, n'aller qu'à
» vingt-un millions; tandis que la plus forte du Commerce
» libre paffe trente-deux. *Voilà un grand fait qui décideroit*
» *feul de la néceffité, ou de l'inutilité d'un nouveau Privilége*
» *pour le Commerce des Indes* (2) . . . . *L'expérience*
» *eft donc complette & décifive en faveur du Commerce*
» *libre* (3) ».

Non; Votre fait, fût-il vrai, ne feroit pas plus décifif, que votre expérience ne feroit complette. Vous établiffez une comparaifon entre les réfultats de la Compagnie, & ceux du Commerce libre, & vous prenez, pour l'un des points de cette comparaifon, les Importations de l'ancienne Compagnie. Le procédé eft évidemment vicieux. L'ancienne Compagnie, dans fa conftitution, d'ailleurs fi belle, fi digne des hautes conceptions de fes immortels Créateurs, Louis XIV & Colbert, pouvoit trouver & trouvoit effe-ctivement des obftacles à l'étendue de fes Opérations Com-

---

(1) De 1771 inclufivement, à 1776, auffi inclufivement.
(2) Confultation de M⁰ la Crételle, page 26.
(3) Mémoire pour les Députés, page 31.

merciales. Comme elle étoit obligée de partager fes Capitaux, entre les Dépenfes de Souveraineté, & les Avances
du Commerce, les importations qui ne pouvoient être que
le produit de celles - ci, diminuoient néceffairement, en
raifon de l'augmentation de celles-là. Cet obftacle n'exifte
plus pour la Compagnie actuelle, parce qu'elle eft purement Commerçante, & que fes fonds font entièrement
confacrés à fe procurer des Retours. Ce font donc fes
réfultats que, pour obtenir une Conclufion utile, il faudroit pouvoir comparer avec ceux du Commerce libre.
Mais ces réfultats eux - mêmes ne peuvent pas exifter encore. Auffi la Compagnie demande - t - elle pour toute
grâce qu'on les attende, avant que de prononcer fur fon
fort (1).

Mais nous raifonnons dans la fuppofition de la vérité
du Tableau ; Et, dans le fait, il n'eft vrai, ni pour les
Importations de l'ancienne Compagnie qu'il diminue, ni
pour celles du Commerce libre qu'il exagère.

Il porte l'année la plus forte de l'ancienne Compagnie
à 21 millions, & nous fommes autorifés à affûrer qu'il y
a eu, fingulièrement de 1752 à 1756, des ventes qui fe
font élevées à plus de 28. La preuve en exifte dans les
Regiftres de l'ancienne Compagnie.

_____

(1) On peut juger combien les Adverfaires de la Compagnie redoutent l'effet
de cette propofition par la réfiftance qu'ils y apportent. Plufieurs pages du *Mémoire* font employées à prémunir le Gouvernement contre le fentiment de juftice,
qui, dans tous les cas, ne lui permettroit pas de fe refufer à cette furféance. Il
femble qu'il y ait, dans cette conduite, une forte d'inhumanité. Elle doit d'ailleurs
rendre fufpects ceux qui la tiennent. Pourquoi, s'ils ne craignent pas la lumière,
vouloir empêcher l'Adminiftration de s'éclairer ?

Quant aux importations du Commerce libre, il n'eft pas poffible de s'y tromper; Nous avons, pour nous diriger fur cet article, une Régle infaillible; c'eft le Droit d'Indult, qui s'eft perçu à raifon de cinq pour cent, du prix de vente de tout ce qui provenoit du Commerce de l'Inde & de la Chine.

Or, au lieu de 22 millions, 843,535 livres auxquelles on porte l'année commune, le Tableau de l'Indult ne nous donne qu'un réfultat de 17 millions 765,996 liv. 7 fols, cinq deniers; car il ne monte qu'à 888,299 liv. quinze fols.

Au lieu de 32 millions, 846,226 liv. auxquelles on fait monter l'année la plus forte, nous ne la trouvons que de 26 millions 717,288 livres, 18 fols, 6 deniers (1). Encore cette fupériorité d'une ou de deux années fur les autres n'avoit-elle été que la fuite accidentelle d'une circonftance particulière. C'étoit la vente interlope des Thés de la Chine en Angleterre; c'eft-à-dire la facilité qu'avoient eue nos Négociants de les vendre aux Anglois qui les y introduifoient

---

(1) Et ce n'eft pas, comme dans le Tableau du Commerce particulier, l'année 1776, mais l'année 1777.

Au furplus, deux Obfervations, pour prévenir tout équivoque. La première : Que nous n'avons point fait entrer en ligne de compte les Retours des Ifles de France & de Bourbon, qui n'ont rien de commun avec le Commerce de l'Inde. D'ailleurs ils n'ajouteroient à l'année commune, que 875,000 liv., & à la plus forte année, 782,000 liv.; ce qui n'empêcheroit pas que les calculs du Commerce particulier ne fuffent encore de plufieurs millions au-delà de la vérité.

La feconde : Que nous avons compofé l'année commune, des huit années, de 1771 inclufivement à 1778 auffi inclufivement ; c'eft-à-dire, des huit années les plus brillantes du Commerce particulier. On peut en juger par les réfultats de l'un des Tableaux imprimés à la fuite de cette Confultation ; celui, intitulé : *Tableau du Commerce de l'Inde, exercé par les Particuliers ; & produit du Droit d'Indult, depuis l'année 1771, jufques & compris 1778.*

en contrebande; ce qui a ceſſé depuis. On peut juger , par un ſeul fait, de la différence prodigieuſe que ce ſeul article avoit mis dans les Produits de la ſeule année 1777. La cargaiſon de trois Vaiſſeaux arrivés à l'Orient, le *Maréchal de Broglie*, le *Beaumont*, & le *Sévère*, étoit (ſuivant le Regiſtre des Ventes) de 7 millions, 623 mille liv., dont plus de cinq millions n'avoient d'autre deſtination que la conſommation de l'Angleterre. Cette occaſion momentanée de bénéfices a été enlevée au Commerce François par l'Acte du Parlement d'Angleterre, connu ſous le nom de *Bill de Commutation* (1), ouvrage du célèbre M. Pitt; &, à compter de ce moment, nos retours de la Chine ſe ſont bornés, à peu de choſe près, à ce qu'exige notre conſommation.

Mais voici un dernier fait, à l'aide duquel on pourra apprécier, d'une manière encore plus ſimple & plus ſûre, la vérité du calcul de comparaiſon entre les Importations du Commerce libre, & celles de l'ancienne Compagnie.

Suivant un Etat certifié, que l'on nous aſſure avoir été

---

(1) Les Droits ſur le Thé de la Chine importé par la Compagnie Angloiſe, étoient très-conſidérables. C'étoit un appât pour la contrebande; auſſi étoit-elle prodigieuſe. Le Commerce étranger en profitoit. M. Pitt ſentit la néceſſité de lui enlever cet avantage. Sûr de détruire la fraude, en retranchant l'occaſion du bénéfice qui tente le Fraudeur, il fit paſſer au Parlement le Bill qui réduiſit à très-peu de choſe les Droits ſur le Thé, & y ſubſtitua un *Impôt ſur les fenêtres*. C'eſt de là que lui eſt venu le nom de *Bill de Commutation*. La ſpéculation étoit ſûre; elle eut tout ſon effet. La Compagnie Angloiſe, qui auparavant ne tiroit de Chine qu'environ cinq millions de livres de Thé, en tire aujourd'hui plus de quatorze; &, tandis que la France pouvoit expédier pour la Chine trois ou quatre Vaiſſeaux, un ſeul ſuffit aujourd'hui à ſa conſommation & aux rapports de Commerce qu'elle peut avoir avec les Etrangers.

remis au Miniſtre, le Commerce libre, dans les 8 ans de ſon plus grand éclat, n'a vendu, année commune, que 216 mille cent trente piéces de Toiles ou de Mouſſelines des Indes. Et l'ancienne Compagnie, dans ſes derniers temps, qui ſont ceux de ſa décadence, en a vendu, auſſi année commune, 233,099, c'eſt-à-dire, 6996 de plus. Et tout le monde ſait que l'uſage des Toiles blanches a plus que doublé (1) en France, depuis 1769. Ainſi, les 233 mille piéces importées par l'ancienne Compagnie, fourniſſoient plutôt aux deux tiers de la conſommation du Royaume, que les 216 mille importées par le Commerce libre, n'en ont rempli le quart.

Il nous ſemble que l'examen de ce premier Tableau donne déjà quelque droit de ſe défier de la véracité des Etats adminiſtrés par le Commerce Particulier.

Le ſecond ſera-t-il plus propre à rétablir leur crédit? C'eſt celui des Vaiſſeaux.

Il faut convenir que de toutes les Preuves invoquées par le Commerce Particulier, aucune n'avoit parlé auſſi haut en ſa faveur.

Trois-cents quarante-un Vaiſſeaux, expédiés depuis 1769 juſqu'en 1785, c'eſt-à-dire dans un eſpace de quinze ans! Ce qui donne 21 Vaiſſeaux année commune!

Cent-dix-huit, expédiés dans quatre de ces quinze années

Second Tableau. Celui des Vaiſſeaux expédiés par le Commerce Particulier.

____

(1) C'eſt une vérité démontrée. On en jugera par une ſeule eſpéce de Toiles, les *Baffetas*, ce ſont celles dont nos Manufactures font plus d'emploi. L'ancienne Compagnie ſatiſfaiſoit à leurs beſoins, avec 30,000 piéces. Aujourd'hui elles en conſomment plus de cent mille.

(en 1774, 1775, 1776 & 1777); Ce qui, fur ces quatre, donne une année commune de vingt-neuf!

Comment douter, après cela, de ce que pouvoit faire le Commerce, fort de fa Liberté? Comment difputer encore fur la préférence, quand elle étoit décidée par le fait; quand jamais la Compagnie, même dans fes temps de fplendeur, n'avoit approché de ces magnifiques réfultats?

Ceux dans l'efprit defquels le fyftême d'une Compagnie n'eft défendu que par une Théorie fondée fur des principes, & fur des Apperçus généraux, ont tremblé pour elle.

Les Hommes inftruits, qui fçavent que les faits ne font redoutables qu'autant qu'ils font vrais, ont été tranquilles, lorfqu'ils ont vu que cet Etat, devant lequel il fembloit que tous les doutes dûffent difparoître, étoit tout-à la-fois le plus inexact dans fa formation, le plus exagéré dans fes calculs, le plus faux dans fes conféquences.

Premièrement, ils ont reconnu que l'une des bâfes capitales, fur lefquelles portoit ce calcul, étoit abfolument vicieufe.

Dans le nombre des Vaiffeaux que l'on donne pour avoir fait le Commerce de l'Inde, on comprend ceux qui n'ont fait que le Commerce des Ifles de France & de Bourbon. La méprife eft d'autant moins pardonnable, que fon réfultat eft plus important.

C'eft la juftifier mál, que de nous dire que c'eft à deffein que l'on a confondu le Commerce des Ifles & celui de l'Inde, parce que la plupart des Expéditions au-delà du Cap, les comprennent tous deux. La Réponfe peut difficilement être de bonne-foi; car les Négocians ne peuvent

pas

pas ignorer que, dans les Permiſſions qu'ils étoient obligés d'obtenir des Directeurs de l'Ancienne Compagnie, on diſtinguoit les Armemens faits pour paſſer des Iſles dans l'Inde, d'avec ceux deſtinés pour les Iſles ſeulement ; & c'eſt uniquement de ces derniers que nous entendons faire diſtraction. On verra quel vuide ce ſeul article laiſſera dans ce Tableau.

Secondement. On l'a compoſé, ce Tableau, de tous les Vaiſſeaux ſortis de nos Ports. Mais ce n'eſt pas leur ſortie qui forme le Commerce de l'Inde ; c'eſt leur rentrée. Or, ce qu'il falloit dire, & ce que l'on n'a pas dit, c'eſt qu'un aſſez grand nombre de ces Bâtiments n'eſt point revenu en France ; les uns, parce que leur mauvaiſe conſtruction, ou une œconomie mal-entendue dans leur Armement, ne leur ont pas même permis de ſoutenir le voyage, & qu'ils ont péri ; les autres, parce que l'état déplorable dans lequel ils ſont arrivés dans l'Inde, le dépériſſement des Equipages, la déſertion des Matelots ont obligé de les déſarmer ; d'autres enfin, parce que les Armateurs, tantôt pour alléger les pertes d'une Expédition mal concertée, tantôt par ſuite des ſpéculations mêmes qui avoient dirigé le voyage, ont pris le parti de les vendre, & le plus ſouvent aux Anglois (1).

____

(1) Ces ventes de Vaiſſeaux entraînoient des abus bien répréhenſibles, & des conſéquences bien funeſtes pour la Nation & pour la Marine. Lorſque le Vaiſſeau étoit ainſi vendu, les Matelots licenciés, ou ſe diſperſoient, & périſſoient pour la plupart, de miſère, de débauche, de maladie, ou s'engageoient aux Acheteurs, & formoient l'Equipage du Vaiſſeau devenu Etranger. Pour clorre l'opération, les Capitaines, qui probablement avoient des ordres de leurs Armateurs, faiſoient, dans l'Inde, des Procès-verbaux, & condamnoient leurs Vaiſſeaux, comme hors d'état de faire leur retour en Europe. Ces manœuvres, vraiment criminelles, devinrent tellement multipliées, & la perte d'hommes

Enfin on a mal-à-propos groffi cette Lifte d'une multitude de Vaiffeaux, non moins étrangers au Commerce de
l'Inde, qu'aux Particuliers, dont les opérations devoient
feules figurer ici.

Tels font : Les Vaiffeaux expédiés après la fufpenfion
de la Compagnie, pour ramener de l'Inde le refte de fes
retours ;

Les Vaiffeaux armés pour la Traite des Noirs à la côte
Orientale d'Afrique ;

Les Vaiffeaux frétés au Roi, ou à la Compagnie Hol-
landoife ;

Ceux expédiés en Chine pour le compte du Roi ;

Ceux qui ont été prêtés par le Roi, pour une autre
Expédition de Chine, formée par les Villes Maritimes,
avec tous les attributs du Commerce par Compagnie,
un Privilége exclufif, des Actions, un Dividende ; Expédition
par conféquent qui n'a rien de commun avec le Commerce
Particulier.

Ajoutons enfin, Ceux qui ont été répétés dans l'Etat, &
qui y forment un double emploi.

---

fi confidérable, que les Prépofés du Gouvernement dans l'Inde, adrefsèrent des
repréfentations au Miniftre. Il fut fait, en 1777, un Réglement, par lequel il
fut ordonné qu'en cas de vente d'un Vaiffeau, le Capitaine feroit tenu de
configner, à la Caiffe du Roi dans l'Inde, le prix du paffage des Matelots,
que ces mêmes Prépofés fe chargeroient de renvoyer en Europe.

Ce Réglement fut lui-même éludé. Les Capitaines donnèrent le change, en
dreffant d'autres Procès-verbaux, dans lefquels la plus grande partie des Matelots
étoient portés comme Déferteurs.

. Ainfi le Gouvernement n'a pas pu, malgré toutes fes précautions, échapper à la
double perte d'hommes & de Vaiffeaux, que lui ont fait effuyer les opérations
du Commerce Particulier.

Ces déductions faites ; A quoi se réduit cette superbe & imposante énumération de 341 Vaisseaux ?

A cent quarante-six, réellement expédiés pour l'Inde.

Et cette année commune de vingt-un ?

A neuf.

Le second Tableau placé à la suite de la Consultation présentera, article par article, Vaisseau par Vaisseau, le détail des 341 Expéditions, & la Note relative à chacune. Nous-nous contenterons d'en donner ici la Récapitulation.

Récapitulation de l'Etat au vrai, du nombre & du port des Vaisseaux armés par le Commerce Particulier, depuis 1769, jusqu'en 1785.

	Vaisseaux.	Tonneaux.
Vaisseaux, employés deux fois dans l'Etat.	3	1550
Expédiés pour l'Isle de France seulement.	155	51498
Armés en course contre les ennemis.	2	1400
Vendus dans l'Inde, d'où ils ne sont pas revenus.	10	4258
Destinés à la Traite des Noirs, & revenus en Amérique.	2	4250
Frétés pour le compte du Roi ou de la Compagnie Hollandoise.	11	5800
Expédiés pour la liquidation de l'ancienne Compagnie.	4	3200
Expédiés à la Chine en 1783, pour le compte du Roi.	4	2400
Expédiés à la Chine, par les Villes Maritimes, avec Privilége exclusif.	4	4100
Total des Vaisseaux à déduire sur les 341 portés dans l'Etat.	195	75240
Reste parconséquent, d'expéditions réelles.	146	83400
Parconséquent l'année commune, au lieu 21 Vaisseaux, & de 9,309 Tonneaux, est de.	9	5212

Encore faut-il observer que, de ces 146 Vaisseaux, 24 ont été pris & naufragés ; 67 ont donné plus ou moins de perte aux Intéressés ; ensorte qu'il en reste seulement, pour tout le temps du Commerce libre , *cinquante - cinq* , dont l'expédition a été fructueuse, ou dont le fuccès eft inconnu.

MAINTENANT en faifant pour les quatre années, 1774, 1775, 1776 & 1777, la même opération, on obtient proportionnellement, les mêmes réfultats.

On trouve à déduire, fur les 118 Vaiffeaux, formant, fuivant l'Etat, le Total des Expéditions de ces quatre ans.

	Vaiffeaux.	Tonneaux.
Vaiffeaux armés pour les Ifles de France & de Bourbon. . .	49	14920
Vendus dans l'Inde, & non revenus.	6	2850
Expédiés pour la Traite des Noirs, & l'Amérique.	1	350
Employés deux fois dans l'Etat.	2	1250
Total.	58	19370
Ce qui réduit les 118 Vaiffeaux à.	60	37920
Et l'année commune, de 29 à	15	9480

Mais, fur ce Réfidu de l'Etat partiel de quatre ans, reviennent les obfervations que l'on a faites fur l'Etat général de quinze.

De ces 60 Vaiffeaux, il y en a eu 13 de perdus ou de pris.

Des 47 autres, qui font revenus, 34 ont donné plus ou moins de perte.

Refte parconféquent à treize, qui ont produit des bénéfices, ou dont on ignore le réfultat.

Toutes réflexions ultérieures feroient fuperflues. Il ne faut plus que comparer, & prononcer.

Là où les Députés montrent 340 Vaiffeaux, il faut n'en plus voir que 146.

Là où ils en comptent 118, il ne faut plus en compter que 60.

Là où ils montrent des années communes de 21 & de 29, il faut n'en plus voir que de 9 & de 15.

Quant à la Conféquence, elle fe préfente à tous les efprits; & nous-nous repofons fur les Lecteurs, du foin de la tirer eux-mêmes. Paffons au troifiéme Tableau.

« Le droit que vous avez de faire exclufivement le » Commerce de l'Inde, dit-on à la Compagnie, fuppofe » l'obligation d'approvifionner le Royaume de tout ce qu'il » confomme de Marchandifes de l'Inde. Sans cela, votre » fyftême d'exclufion feroit la plus odieufe des inconfé-» quences. Mais avez-vous les moyens de fatisfaire à cette » confommation ? Un Etat *dreffé à l'Orient, & remis au Mi-» niftère*, prouve que ce Commerce ne peut pas être fait à » moins d'un fonds de 80 millions. Combien en avez-vous ? » Quarante. Votre Capital eft donc infuffifant de moitié ? »

Troifiéme Tableau. Celui des Capitaux.

Les Réponfes fe preffent fous notre plume ; & nous n'avons d'embarras que celui du choix.

D'abord ; Pour que l'on eût le Droit de faire cette objection à la Compagnie, il faudroit pouvoir dire que le Commerce libre a fait ce que l'on reproche à la Compagnie de ne pouvoir pas faire. Sans cela, l'accufation ne feroit plus qu'une inutile & indifcréte récrimination.

Les Négociants Particuliers ont-ils donc verfé dans le Commerce de l'Inde ces 80 millions ? La chofe eft aifée à vérifier. Nous avons la mefure de leurs Capitaux dans leurs Importations, comme nous avons la mefure de leurs Importations dans le droit d'Indult.

Ces Importations, fuivant eux, auroient été, année commune de 22 millions. Mais ces 22 millions eux-mêmes étant le Produit des Expéditions, & ce Produit renfermant la plus-value des Marchandifes à leur arrivée en Europe, le Capital feul, c'eft-à-dire, la mife dehors, fe réduiroit à quatorze ou quinze millions.

Maintenant, fi l'on fe rappelle que l'année commune des Importations n'a pas été de plus de 17 millions, fur lefquels il faut toujours défalquer la différence du prix d'achat au prix de vente, on trouvera à peine un Capital de onze ou douze millions (1). Il y a loin de là à quarante, qu'exigeroit, dit-on, chaque Expédition.

Secondement; ce calcul de 80 millions, calcul purement idéal, fait pour la circonftance, fondé fur des bâfes arbitraires, adminiftré contre la Compagnie par ceux-mêmes qui font profeffion d'être fes Parties, ce calcul, approchât-il de la Vérité, auroit tout prouvé contre les Particuliers, & ne prouveroit rien contre la Compagnie.

Qui ne fçait pas, en effet, que, dans le Commerce, le Crédit double les fonds, & qu'une Compagnie qui a un Capital de quarante millions peut aifément faire des affaires pour foixante, & même pour quatre-vingts?

La Compagnie elle-même nous en fournit la preuve. Rétablie avec un premier Capital de vingt millions feulement,

---

(1) Obfervez que nous ne défalquons même pas la partie de ces Importations qui étoit amenée à fret pour compte Etranger, & qui ne doit entrer pour rien dans le compte des Capitaux fournis par le Commerce Particulier, puifqu'elle n'en étoit pas le produit.

elle en avoit employé plus de dix - huit à fa première expédition pour l'Inde. Et, quoique cette mife dehors parût avoir abforbé fon Capital, quoique fes retours ne fûffent point encore arrivés, elle n'en a pas moins fait fa feconde Expédition. Elle a aujourd'hui quarante millions. Vous exigez qu'ils foient doublés. Ils le feront; & quatre-vingts millions naîtront, s'il le faut, de quarante, comme quarante font nés de vingt.

Mais nous raifonnons toujours dans la fuppofition que ces quatre-vingts millions font néceffaires pour faire le Commerce de l'Inde; & cette fuppofition eft purement chimérique. Pourquoi? Parce que la poffibilité de les y employer n'exifte même pas.

Interrogez, non pas ces Spéculateurs Cafaniers, ces froids Théoriftes qui, réglant l'Univers avec des calculs, & notre Commerce avec des Syftèmes, enfantent d'un trait de plume des millions, des Vaiffeaux, des Marchandifes, des vendeurs; mais les vrais Négociants, les Hommes éclairés par la pratique, ceux qui ont paffé une partie de leur vie dans l'Inde, & qui y ont fait le Commerce; & il vous diront Que, d'après l'état où nous fommes dans l'Inde, environnés de tous côtés par une Puiffance Dominante, fière de fa fupériorité, qu'un Commerce de deux-cents millions a accoutumée à fe regarder comme Propriétaire du Privilége exclufif d'approvifionner l'Europe des Marchandifes ou des Productions de l'Inde; obligés de nous concilier avec elle pour faire fabriquer fans obftacle, & pour completter nos cargaifons; réduits même à craindre que des efforts trop marqués, & fur-tout trop rapides de notre part, ne lui donnent l'allarme, & ne l'excitent à multiplier nos entraves, dix-sept à dix-huit millions sont tout ce que nous pouvons employer au Commerce de l'Inde ; sçavoir : deux millions à la Côte de Malabar, en Poivre, & en Toileries ; cinq à six cents mille livres en Arabie, pour le Caffé, & quelques autres Drogueries ; sept à huit millions à la Côte de Coromandel ; six à sept au Bengale.

Ajoutez-y le Capital que peut abforber le Commerce de Chine, & qui eft peu fufceptible d'une grande variation parce que ce Commerce lui-même eft limité ; vous aurez annuellement, un Total de vingt à vingt-deux millions, qui doublés, à raifon de la feconde Expédition, dont il faut avoir fait les frais avant les retours de la première, en donneront un de quarante à quarante-deux millions.

On ne manquera pas de nous faire une Objection : « Quarante à quarante-deux millions de Capital pour tout » le Commerce des Indes ! Vous ne fongez donc pas que la » confommation du Royaume, en Toiles de l'Inde feule- » ment, va à plus de foixante (1) ; & que votre calcul » eft la profeffion de Foi la moins équivoque, la plus écla- » tante de votre infuffifance ? »

Les Adverfaires de la Compagnie n'ont point d'intérêt à preffer cette Objection. Car, fi elle eft réelle, c'eft bien plus fur eux que fur la Compagnie qu'elle pèfe. Nous en avons donné la raifon, en démontrant par le calcul des Capitaux qu'ils ont fourni au Commerce des Indes, qu'à cet égard, comme à tous les autres, ils font reftés bien au-deffous de la Compagnie.

____

(1) Exagération dont les Députés avoient befoin pour leur calcul. La confommation eft infiniment moins confidérable.

Nous

Nous répondrons, en fecond lieu, Que, fi la France peut jamais efpérer de faire difparoître les obftacles Politiques qu'éprouve fon Commerce dans l'Inde, & de voir renaître pour lui le moment d'agir avec une indépendance abfolue, & de fe reftituer dans le droit de fournir, feul & par lui-même, aux befoins de la Nation, il n'y a qu'une Compagnie qui puiffe opérer cette efpéce de révolution, ou du moins en profiter, parce que les moyens ne peuvent en être puifés que dans les grandes reffources qu'elle préfente.

Enfin; Qu'il nous foit permis de le dire. Ce langage ne fera pas fufpect dans la bouche des Défenfeurs d'une Compagnie à laquelle eft confié le Commerce exclufif de l'Inde); Cette dépendance elle-même, cette néceffité de recourir à l'Etranger pour acheter de lui une partie des objets qu'il envahit dans les lieux où il domine, devroient être pour nous, bien moins un motif d'affliction, qu'une Leçon falutaire. Faifons le Commerce de l'Inde, tout ruineux qu'il eft par fa nature, puifque le luxe & l'habitude nous ont fait de fes Productions de véritables befoins. Mais qu'il foit contenu dans de juftes bornes; Qu'il foit calculé fur nos forces, fur la Portion de Capitaux dont les circonftances nous permettent de faire *directement* l'emploi. Si nous avions la Sageffe de le faire ainfi, le vuide même qu'il paroîtroit laiffer dans notre confommation, tourneroit au profit de nos Manufactures, dès le moment où il ne feroit plus remplacé par l'Etranger. Nous conferverions le Numéraire qu'abforboient les Bénéfices que les autres Nations faifoient fur nous. Une Compagnie n'en feroit pas moins néceffaire pour faire avec plus de fuite, plus d'économie, & par conféquent avec moins de perte pour l'Etat, l'ap-

L

proviſionnement modéré auquel nous-nous ferions volon-tairement réduits; & le Commerce Particulier, concentrant davantage ſon activité, ſon induſtrie dans l'intérieur du Royaume, accroîtroit ſes propres richeſſes de tout ce qu'il ajouteroit à celle de la France.

LE principal objet de cet Ouvrage eſt rempli.

Nous avons mis la Propriété des Actionnaires ſous la double ſauve-garde des Loix, & de la Parole du Souve-rain.

Nous avons démontré qu'elle trouvoit une garantie non moins ſûre dans le bien du Commerce, & dans l'avantage de l'Etat.

Tous nos engagements feront acquités, quand nous au-rons achevé de diſſiper le petit nombre de difficultés ſur leſquelles nous croyons qu'il peut être utile de ne pas garder le ſilence.

TROISIÉME PARTIE.

Réfutation de quelques Griefs Particuliers.

DE quel poids peuvent être ces griefs, s'il eſt vrai que la cauſe de la Compagnie ſoit liée aux grandes con-ſidérations qui réglent les Déterminations Publiques ? Quand nous ſuppoſerions qu'il y en a quelques-uns de réels, les Dénonciateurs de la Compagnie n'y gagne-roient rien. Quelques inconvéniens, ſuite inévitable de toutes les Inſtitutions humaines, quelques légers em-barras dans les reſſorts encore nouveaux d'une Machine

auſſi vaſte, ſeroient une raiſon de travailler à la perfection-
ner, mais ne pourroient jamais ſervir de prétexte pour la
détruire.

Que ſera ce donc, ſi ces reproches eux-mêmes ſont ſans
fondement, ſi ces inconvéniens ſont imaginaires?

A ENTENDRE les Députés, on croiroit d'abord, que
tous les Tréſors de l'Etat ont été prodigués à la Compagnie. Voici cependant à quoi ſe bornent les ſacrifices que
l'on reproche au Gouvernement de lui avoir faits.

Premier Grief.
Les Conceſſions fai-
tes à la Compa-
gnie.

L'abandon d'une partie des Bâtimens, Magaſins, Chan-
tiers, &c. de l'ancienne Compagnie.

La Remiſe du Droit d'Indult.

La Réduction à moitié, des Droits de Traite.

Et la Garantie de dix pour cent, pendant deux ans.

Voyons ce qu'ont valu à la Compagnie, mais ſur-tout
ce qu'ont coûté à l'Etat chacune de ces faveurs.

1º *Bâtimens, Magaſins, &c.* Ils appartenoient à l'ancienne
Compagnie qui les a remis·au Roi en 1770; le Roi en
avoit abandonné l'uſage au Commerce Particulier; il l'a cédé
de même à la Compagnie qui prenoit ſa place. Il ſemble
que ce fut une choſe toute naturelle; ou plutôt ce n'étoit
que la conſéquence de ce que l'on avoit fait (1).

---

(1) S'il étoit néceſſaire de juſtifier davantage cette conceſſion, ou s'il pouvoit
être utile d'en diminuer la valeur, nous ajouterions Que, dans l'Inde, la jouiſ-
ſance des Bâtimens & Magaſins, s'eſt réduit à une ſimple promeſſe, qui,
juſqu'à préſent, n'a eu aucune exécution; qu'en France, c'eſt-à-dire à l'Orient,
on n'a encore livré à la Compagnie qu'une partie de ce qui lui avoit été promis,
& que l'on a juſqu'ici différé la Remiſe des Magaſins & des autres Emplacemens
qui lui ſont néceſſaires; ce qui lui occaſionne, pour ſon exploitation, un Reſſer-
rement, toujours incommode, ſouvent même préjudiciable.

Quant à l'Hôtel qu'occupe la Compagnie, le Roi ne l'a point acheté ; il ne le loue même point ; il contribue, seulement de 12,000 liv. au loyer ; le reste est payé par la Compagnie. Est-ce là ce qu'on peut appeller une faveur dispendieuse pour l'Etat ?

2° *Remise du Droit d'Indult* (1). Il faut d'abord diminuer, de près de moitié, l'évaluation que donne de son produit l'Ecrivain des Députés. Il le porte à 1,500 mille livres année commune ; les Etats prouvent qu'il n'a été qu'à huit-cents.

Eût-il été plus considérable, la Critique ne seroit pas mieux fondée. C'étoit un encouragement qu'il étoit juste, disons mieux, qu'il étoit conséquent de donner à une Compagnie naissante, que le Gouvernement n'avoit substituée au régime du Commerce Particulier, que parce qu'il l'avoit crue plus utile.

Mais voici le mot. La remise de l'Indult étoit indispensable ; & c'étoit bien moins la Compagnie, que le Public, qui en recueilloit le fruit.

Cette vérité est sensible. C'est, de fait, sur le Consommateur que retombent, par le surhaussement du prix de vente, les charges que le Fisc impose sur les objets importés. La Compagnie, grévée du Droit d'Indult, auroit donc augmenté les Marchandises des cinq pour cent qu'elle auroit payés au Gouvernement.

Mais, alors, Que seroit-il arrivé ? Que la contrebande,

____

(1) Nous avons déjà eu occasion d'observer que c'est le Droit de cinq pour cent, qui se percevoit au profit du Roi sur le prix de Vente de toutes les Marchandises provenues de l'Inde & de la Chine.

qui ne vit que du meilleur marché qu'elle peut faire, au moyen de ce qu'elle gagne tous les Droits qu'elle fraude, auroit profité du renchériffement forcé des Marchandifes de la Compagnie, pour introduire dans le Royaume celles des Etrangers qu'elle auroit pu donner à meilleur compte. Dès lors la Compagnie, hors d'état de fupporter cette concurrence, s'anéantiffoit au moment même de fon Etabliffement ; l'Etat perdoit tout - à - la - fois, & le Droit d'Indult, que la Compagnie, ne faifant plus de Commerce, n'auroit plus payé, & les Droits de Traite que les Introductions clandeftines de la Contrebande auroient payés encore moins, & tout l'argent que ce Commerce interlope auroit porté à l'Etranger.

La Remife du Droit d'Indult étoit le reméde à ces inconvénients. En mettant la Compagnie à portée de vendre à un Taux modéré, elle déconcertoit la Contrebande, ôtoit aux Etrangers un Bénéfice pris fur nous, & tenoit les Marchandifes à ce jufte niveau qui affûre au Négociant des Bénéfices raifonnables, fans trop pefer fur le Confommateur.

3° *Réduction à moitié des Droits de Traite.* Cet article, ne fût-ce que pour l'intelligence du mot, demande quelques Explications Préliminaires. Outre le Droit d'Indult, que le Commerce libre payoit fur les Marchandifes importées directement de l'Inde, & vendues à l'Orient, il payoit encore un Droit de Traite de 25 liv. 10 fols, & de 10 fols pour livre, par Quintal de ces mêmes Marchandifes, lorfqu'elles entroient dans les Provinces des cinq groffes Fermes (1), Le Droit étoit du double, c'eft-à-dire de 75 liv. en y comprenant les fols pour livre, lorfque les Marchandifes étoient importées de l'Etranger, & entroient dans le Royaume par les autres Barrières.

C'eft ce Droit de Traite qui a été réduit à moitié en faveur de la Compagnie ; & c'eft cette modération qui excite les clameurs de fes Adverfaires. « Ainfi, difent - ils, » Pour les Marchandifes même qu'aménent à l'Orient les » reftes de nos Expéditions, nous fommes foumis à l'In- » dult; plus, aux 25 liv. 10 fols, & aux fols pour livre du » Droit de Traite. Et la Compagnie, qui ne paye point » d'Indult pour fes Importations de l'Inde, ne paye que » moitié du Droit de Traite, pour les Marchandifes qu'elle » tire de l'Etranger, & que nous en tirerions auffi bien » qu'elle. Mais à qui, après nous, cette gratification don- » née à la Compagnie nuit - elle davantage ? Au Roi. Ces » Droits de Traite rendoient plus de 1,800 mille livres. » Ajoutez - les aux 1,500 mille livres du Droit d'Indult, » Voilà 3 millions 300 mille livres que la Compagnie » coûte à l'Etat. . . . . Et dans quelles Circonftances » encore ? »

D'abord, il y a peu de bonne - foi à préfenter comme un facrifice perpétuel & qui fe renouvelle tous les jours, une grace que le Gouvernement n'a dû faire & n'a faite qu'une fois. Une feule fois, au moment même de fon Etabliffement, & pour couvrir la difette dans laquelle le Commerce libre avoit laiffé l'Approvifionnement du Royaume, la Compagnie a été obligée d'importer des

____

(1) La Bretagne, où eft fitué l'Orient, eft réputée Province étrangère.

Marchandifes de l'Inde , achetées aux ventes étrangères. Une feule fois , parconféquent , elle a profité de cette réduction, devenue à jamais inutile pour elle, puifqu'elle n'a plus ceffé & qu'elle ne ceffera plus de faire fes Importations de l'Inde , directement.

Mais ce qui ne laiffe fubfifter abfolument rien du reproche, c'eft que ce facrifice , indifpenfable dans la circonftance, n'a rien couté aux Coffres du Roi, & voici comment. Plus de moitié des Marchandifes importées de l'Etranger avant 1785 , étoient introduites dans le Royaume en fraude, & fans payer de Droits. La Compagnie , au contraire , a très-exactement acquitté le Droit modéré auquel elle étoit taxée. Ainfi , même en ne payant que moitié de tout ce qu'elle importoit , elle a payé autant que le Commerce libre, devant payer le double, mais fachant affranchir , par la Contrebande , la moitié de ce qu'il introduifoit.

4° *Garantie de dix pour cent.* N'employons pas à juftifier une convention demeurée inutile , & dont l'effet n'a pas même eu lieu , des momens que réclament de nous des objets plus importans. Qu'il fuffife de fçavoir que le Confeil du Roi , prévoyant les pertes confidérables que pourroit occafionner à la Compagnie l'incertitude de fes premières Opérations dans l'Inde , avoit , par un Arrêté préliminaire , du 25 Février 1785 , » promis de l'indemni- » fer de toutes pertes, excédant dix pour cent fur les » Capitaux, que pourroient occafionner les diverfes Expé- » ditions qu'elle feroit *dans les deux premières années de* » *fon Privilége* ».

Ces deux années font écoulées; les Expéditions faites ; une partie des Retours arrivés. Et tout annonce que la Compagnie n'aura rien à répéter.

Second Grief.
Ifles de France &
de Bourbon.

Nous ne nous propofons pas de répondre aux très-éloquentes & très-inutiles Lamentations que l'Auteur du Mémoire a placées dans la bouche des Habitans de ces Ifles, fur la néceffité à laquelle ils font réduits de renoncer au magnifique & chimérique Projet, d'être les Entrepofeurs du Commerce de l'Europe & de l'Afie.

Il y a long-temps qu'il eft jugé, ce fyftême, fruit de l'imagination, toujours noble, toujours patriotique, mais fouvent gigantefque de La Bourdonnais. Le Gouvernement a confervé à ces deux Colonies, l'Emploi encore affez beau, affez important d'être, en temps de Guerre , les fauvegardes, & en partie les Nourrices de nos Efcadres. Qu'elles reftent Agricoles, c'eft le gage de leur véritable grandeur. Un feul moment, elles ont voulu être Commerçantes; elles ont verfé dans des opérations, pour lefquelles elles n'étoient pas faites , les immenfes produits que la Guerre leur avoit fait tirer de leur Agriculture; Elles en ont été les victimes : Une Banqueroute de dix-huit millions a renverfé la plupart des fortunes , & détruit des efpérances trop légèrement conçues , parce qu'elles n'étoient pas fondées fur de véritables moyens.

Ainfi donc le tort du Privilége de la Compagnie envers les Ifles de France & de Bourbon, n'eft pas d'avoir empêché de naître pour elles ces hautes Deftinées , auxquelles elles ne font plus aujourd'hui appellées que par le vœu folitaire de quelques Spéculateurs.

Quel

Quel mal réel leur a-t-il fait d'ailleurs ? Aucun.

L'Arrêt d'Etabliſſement de la Compagnie les excepte du Privilége. (Art. 5.)

Il permet à tous les Sujets du Roi , d'y porter les Produĉtions de l'Europe , & d'importer en Europe leurs Produĉtions. (Art. 5.)

Il leur laiſſe le Commerce d'Inde en Inde, &, parconſéquent, la faculté de s'approviſionner, par eux-mêmes & au meilleur marché poſſible, de tout ce qui eſt néceſſaire, ſoit à leur conſommation , ſoit aux Branches de Commerce qui leur reſtent (1). (Art. 6.)

Il leur laiſſe la Traite des Noirs , ſoit à Madagaſcar , ſoit ſur les Côtes Orientales d'Afrique , au-delà du Cap ; & cela , non-ſeulement pour les beſoins des Colons, mais même *pour les tranſporter dans nos Iſles de l'Amérique.* (Art. 9.)

« Mais à côté de ces Droits, ſont des Privations, des » Excluſions, des Prohibitions ».

Oui ſans doute. Mais quelles ſont-elles ? Toutes celles qui étoient nécéſſaires pour ôter aux Habitans de ces Iſles les moyens de détruire, par la Contrebande, le Commerce de la Compagnie ; & il faut convenir que, de la part de l'Adminiſtation, c'eût été une bien ſingulière inconſéquence que d'accorder à une Compagnie un Privilége excluſif pour l'importation des Marchandiſes de l'Inde dans le Royaume, & de laiſſer ouverte, à quatre mille lieues de la France, une Porte, par laquelle la Fraude auroit pû continuellement les y introduire.

Laiſſez aux Habitans de ces Iſles la Liberté que leur ôte

____

(1) Par exemple , les Toileries pour la Traite des Noirs.

M

l'Arrêt du Conseil, ou d'importer en Europe les Productions de l'Inde, ou d'exporter dans l'Inde les Productions d'Europe; & bientôt vous les verrez, simples Courtiers ou Consignataires, fréter leurs Bâtimens aux Anglois pour amener leurs retours à l'Orient; & prêter leur nom à nos Armateurs, pour faire le Commerce soit d'Exportation, soit d'Importation, qui est réservé à la Compagnie. Que sera alors le Privilége? Que deviendra la Compagnie? Que l'on dise qu'il ne falloit pas l'établir : la proposition peut être fausse; mais elle n'est que fausse. Mais dire qu'il falloit, même après l'avoir établie, laisser subsister, à côté d'elle, une cause toujours agissante, toujours renaissante de destruction, c'est une inconséquence, une contradiction intolérables.

Troisiéme Grief. Diminution d'exportation des Marchandises nationales.

Il semble qu'on veuille placer la Compagnie au centre de toutes les haînes. On a soulevé contre elle les Isles de France & de Bourbon; on va soulever nos Manufactures.

« Le Commerce libre exportoit beaucoup plus qu'elle, » de Marchandises Nationales. Elle ne fait ses Expédi- » tions que pour la côte de Coromandel & le Bengale, » où se fait la moindre Consommation des Productions » Européennes, tandis qu'à la côte de Malabar, cette Con- » sommation est infiniment plus considérable. C'est ce qui « fait qu'elle est obligée d'exporter neuf dixiémes en Pias- » tres, lorsqu'il n'en faudroit que les quatre cinquié- » mes, peut-être même moins, en augmentant, pro- » portionnellement, les Cargaisons en Marchandises. On » joint l'Exemple au Précepte; on cite quatre Expéditions » faites de Marseille par des Armateurs particuliers, dans

» lefquelles il entroit, dit-on, plus de moitié du Capital en
» Marchandifes ».

Allons droit à la conféquence. Quelle feroit, en acceptant
toutes ces Données, celle qu'il faudroit tirer de cet Argument ? C'eft que la Compagnie a eu un tort, celui de
n'avoir pas fait tout ce qu'elle auroit pu faire. Mais, fi ce
tort eft de la nature de ceux que l'on répare en chan-
geant fon Procédé, la Critique du Commerce Particulier
ne feroit plus qu'un avertiffement charitable, dont la Compagnie ne manqueroit pas de faire fon profit. Il ne faudroit pas, pour cela, la détruire.

Mais ce n'eft pas là que fe bornent nos Réflexions.

Premièrement, lorfqu'auffitôt après fon Rétabliffement,
la Compagnie a fait fes premières expéditions pour l'Inde,
elle a dû croire qu'il y exiftoit une grande quantité de
Marchandifes, exportées par le Commerce Particulier, &
craindre, fi elle forçoit les fiennes dans ce premier envoi,
d'avilir les unes & les autres. Elle a donc dû attendre,
pour fe régler fur ce point, les Réponfes de fes Agens.

Et en effet, au nombre des ordres qu'ils avoient reçus
étoit celui de vifiter toutes les Echelles; de fcruter, dans
chacune, le dégré de Confommation dont elles font fufceptibles, les Efpéces fur lefquelles fe porte cette Confommation, le plus ou moins d'avantage qu'il peut y avoir
à les approvifioner. Le Réfultat de ce Travail donnera la
mefure des Exportations de la Compagnie; Elle les augmentera graduellement (1), s'il eft vrai qu'elles foient

____

(1) Elle le fait même en ce moment. C'eft fur les Renfeignemens qu'elle a reçus
de fes Agents, que dans l'Expédition actuelle, elle envoye *deux feptièmes en Mar-*
chandifes, contre *cinq feptièmes* feulement *en Piaftres.*

M ij

fufceptibles d'être augmentées. Il y va de fon intérêt; c'eft à dire affez qu'elle ne négligeroit pas une Branche de Bénéfices qui ne préjudicieroit point à ceux qu'elle pourroit faire d'ailleurs.

Secondement. Il nous importe affez peu de fçavoir s'il eft vrai que quelques Expéditions du Commerce Particulier ayent été chargées en Marchandifes Nationales, dans une auffi forte proportion que *du tiers*, ou *même de moitié;* Il y a toute apparence que, s'il entroit dans notre plan d'examiner de près ce fait, il fe trouveroit auffi exact que beaucoup d'autres que nous avons difcutés.

Mais, en ne prenant dans l'Allégation que ce qu'elle a de général, & en lui prêtant même une partie de la réalité qui lui manque, cette abondance extraordinaire dans les Exportations Nationales du Commerce, fe trouvera expliquée par des circonftances particulières. Il faudra voir fi ces Exportations n'ont pas eu pour objet l'Approvifionnement des Ifles de France & de Bourbon. Il faudra voir fi, en les fuppofant faites pour l'Inde, directement, elles ne l'auront pas été immédiatement après la Guerre, c'eft-à-dire dans le moment où une longue difette des Marchandifes d'Europe, en provoquoit les Envois, & en facilitoit le Débit (1). Enfin il faudra faire réflexion que le forcement des Cargaifons en Marchandifes n'étoit fouvent, de la part des Armateurs, qu'une manière de fuppléer

---

(1) Les Députés ne citent - ils pas eux - mêmes dans leur Mémoire, page 48, un Vaiffeau, la *Conftante Pauline*, expédié en 1783, pour le Bengale, avec un Chargement de *fept huitiémes en Marchandifes*, & *d'un huitiéme feulement en Piaftres?*

aux Piaftres qui leur manquoient. On trouve plus aifément du Crédit pour des Marchandifes, que pour de l'Argent. On court, feulement fur les premières, le rifque auquel on ne peut pas être expofé pour le fecond; c'eft d'être obligé d'en prendre de mauvaifes. Et c'eft ce qui arrivoit fréquemment. Par exemple, lorfque la Compagnie fit fa première Expédition pour Chine, elle y trouva nos Draps abfolument décriés, parce que nos Armateurs ne leur avoient porté que des Rebuts de Manufactures; Et il ne fallut rien moins pour les remettre en honneur, que la bonté & le beau choix de ceux qu'apportoit la Compagnie.

RESSUSCITER de vieilles Imputations, oubliées après avoir été détruites; remettre au jour des Faits vingt fois démentis, mais qui, fuffent-ils vrais, feroient aujourd'hui fans objet, foit parce qu'ils font paffés, foit parce qu'ils n'auroient été, dans tous les cas, que des Torts particuliers, indépendants de la bonne ou mauvaife Conftitution de la Compagnie; C'eft accufer pour le plaifir d'accufer, fans befoin pour fa Caufe, fans fruit pour foi-même, fans autre but que de groffir une lifte de reproches, & d'en impofer à quelques Efprits légers ou prévenus, en fuppléant à la foibleffe par le nombre.

Quatriéme, cinquiéme & fixiéme Griefs.

QUE fait à la Queftion de fçavoir fi la Compagnie eft ou non, utile au Royaume, celle de fçavoir fi, en 1785, au moment où elle venoit d'être rétablie, & où il lui étoit impoffible d'approvifionner le Royaume de Marchandifes directement tirées de l'Inde, le Miniftère a bien ou mal

Quatriéme, Achats de la Compagnie aux ventes étrangères.

fait de lui permetre de les tirer de l'Etranger, excluſivement aux Négociants particuliers?

Rien abſolument.

Mais faut - il juſtifier cette opération ? Nous prouverons qu'elle fut déterminée par des conſidérations fort ſages.

1º Les Importations directes du Commerce libre n'é-quivaloient qu'à une très foible partie de la conſommation du Royaume ; Il falloit bien y ſuppléer, en ſe pourvoyant chez l'Etranger.

2º Mais pourquoi n'en pas laiſſer le ſoin aux Négocians Particuliers ? Le voici.

En premier lieu ; la concurrence des Négocians dans les Marchés des Compagnies Etrangères, ne pouvoit qu'augmenter le prix à l'achat &, par une conſéquence néceſfaire, à la vente. Les Compagnies Etrangères y gagnoient beaucoup, mais le Conſommateur y perdoit. Un ſeul Acheteur ſauvoit ce double inconvénient. En achetant moins cher, il pouvoit vendre à meilleur marché ; & cet Acheteur unique, c'étoit la Compagnie.

Second avantage. Ce n'étoit pas même aux Marchés des Compagnies, à Londres, en Hollande, en Dannemarck, que la plupart des Négocians François alloient ſe pourvoir des Marchandiſes qu'ils deſtinoient à l'approviſionnement du Royaume ; c'étoit dans les Magaſins de quelques Maiſons établies aux Portes de la France, & qui les avoient elles-mêmes tirées de ces Marchés. De là un double mal ; le bénéfice que ces Maiſons, qui n'avoient acheté que de ſeconde main, faiſoient à la revente, ſur nos Négocians qui en achetant d'eux n'achetoient que de la troiſiéme ;

Et la facilité que la situation même de ces Maisons, voisines de nos Frontières, donnoit à la Contrebande, qui en profitoit amplement.

C'étoit donc encore, & pour le Trésor du Roi, & pour les Consommateurs, qu'étoit la Perte. Et c'est encore à quoi le Gouvernement a voulu remédier, en autorisant la Compagnie à acheter, exclusivement, aux Ventes Etrangères. Toutes ses Importations ont payé exactement les Droits Royaux auxquels elles avoient été taxées ; Et elle n'a fait, sur les Négocians Régnicoles, que le Bénéfice qu'auroient fait des Etrangers, avec cette différence qu'il seroit sorti du Royaume, & qu'il y est resté.

Ajouterons-nous que la Prohibition prononcée par l'Arrêt du Conseil, du 10 Juillet 1785, ne fut que très-foiblement maintenue ? Que tout Négociant qui justifioit, ou paroissoit justifier qu'il avoit, antérieurement à l'Arrêt, demandé des Marchandises chez l'Etranger, obtenoit du Ministre une Décision qui lui ouvroit les Barrières du Royaume ? Qu'avec le secours de ces Décisions, devenues presque de simples formules, il est entré en France plus de deux-cents dix mille Piéces ? . . . . Mais, encore une fois, à quoi bon ces Apologies ? Voulez-vous que nous convenions que le Gouvernement a donné alors, à la Compagnie, un Droit qu'il ne devoit pas lui donner ? Eh bien ; nous en convenons. Mais que ferez-vous de notre aveu ? Ce droit est consommé ; L'occasion de l'exercer n'a existé qu'une fois ; elle n'existera plus, puisque la Compagnie fait directement ses Expéditions pour l'Inde. *Itaque illud Cassianum, cui bono fuerit, valeat* (1).

____

(1) Cicer. *pro Milone.*

Cinquiéme. Insuffisance des Ventes de la Compagnie.

SI l'on applique ce Reproche aux ventes que la Compagnie a faites avant l'arrivée de ses retours de l'Inde, il est abſurde.

Si on l'applique à celles qu'elle fera, lorſque le Niveau de ſes opérations ſera établi, il eſt prématuré.

Si l'on veut le faire regarder comme démontré dès-à-préſent par l'inſuffiſance d'un capital de 40 millions, nous y avons répondu.

Sixiéme. Excès du prix des Ventes.

ON prouve qu'un Négociant vend à un prix exceſſif, en comparant ce prix avec la valeur réelle de la choſe vendue, ou avec le prix pour lequel elle l'a été par un autre Négociant. Mais dire, comme les Députés, *Nous accuſons la Compagnie d'avoir vendu à des prix exceſſifs les Marchandiſes de l'Inde*, & ne rien prouver, n'entrer dans aucuns détails, c'eſt ne rien dire, ou plutôt c'eſt calomnier.

Pourquoi encore faire à la Compagnie un crime d'avoir retiré quelques Parties de Marchandiſes, dont les prix offerts étoient d'une inſuffiſance trop marquée, lorſque les Négociants, qui vendoient concurremment avec elle leurs derniers Retours, lui en donnoient l'exemple? Il eſt même arrivé plus d'une fois à la Compagnie de vendre tout ce qu'elle avoit d'une eſpéce, dans le moment même où ces Négociants retiroient ce qu'ils en avoient mis en vente. Eſt-ce là de l'avidité?

Septiéme Grief. Perte des Vaiſſeaux des Armateurs Particuliers.

LORSQUE la Compagnie, nouvellement créée, voulut faire ſes premières Expéditions, elle fit propoſer aux Armateurs de tous les Ports de lui fréter les Vaiſſeaux dont elle avoit beſoin. Les conditions qu'elle offroit étoient honnêtes,

nêtes, avantageuſes, uſitées. Auſſi ceux des Armateurs qui n'avoient pas ou qui n'annonçoient pas des prétentions immodérées, les acceptèrent-ils. Un ſeul Négociant de l'Orient a frété 24 Bâtiments à la Compagnie. Quelques-uns ont refuſé de traiter avec elle, & ont gardé leurs Vaiſſeaux. Quelques autres peut-être ont préféré de les vendre. Sans doute, ils ont pris ce parti, parce qu'ils y ont trouvé leur compte.

Et de ce que les Adminiſtrateurs n'ont point accédé aux conditions que ces Négociants exigeoient; de ce que, Dépoſitaires des intérêts des Actionnaires, ils ne les ont point trahis en frétant à tout prix des Navires, tandis qu'ils devoient obtenir & ont en effet obtenu des compoſitions raiſonnables, On conclura qu'ils ont impoſé au Commerce des Loix tyranniques; qu'ils ſont cauſe de la perte de ces Vaiſſeaux; qu'il faut les en punir, en les vouant à la haine publique, & en détruiſant la Compagnie! Combien cette Logique eſt tout-à-la-fois injuſte & cruelle!

« Mais ces Vaiſſeaux auroient été d'un grand ſecours, » en cas de guerre ».

Si le paſſé doit répondre pour l'avenir, nous demanderons à quoi, dans la Guerre dernière, ont ſervi les Armemens du Commerce Particulier?

Veut-on qu'ils ayent ſervi, qu'ils puiſſent ſervir encore? Eh bien! Ils ſeront remplacés par ceux de la Compagnie.

Ils le ſeront même avec avantage; car les Vaiſſeaux de la Compagnie ſont plus forts, mieux conſtruits, mieux équipés.

La Marine d'une Compagnie ſera plus utile par une autre raiſon. Les Vaiſſeaux des Armateurs ſont diviſés, difperſés ſur les Mers, comme les Armateurs le ſont eux-mêmes dans les différens Ports du Royaume. Qu'un bruit de Guerre ſe faſſe entendre ; le Miniſtre pourra - t - il raſſembler cette multitude de Négociants., pour les avertir de l'Orage, ou pour concerter avec eux le ſervice qu'il peuvent faire pour le Gouvernement ? La choſe eſt impraticable. Mais il s'adreſſera à une Adminiſtration peu nombreuſe, dont les opérations ſont concentrées dans les mains de quelques hommes éprouvés; il choiſira ceux avec leſquels il voudra correſpondre. Les avis ſeront donnés à propos, les Bâtimens ſauvés, & le ſecret de l'Etat en ſûreté.

<table><tr><td>

Huitiéme Grief. Néceſſité pour les Négociants de faire la Contrebande.

</td><td>

C'EST un aſſez ſingulier argument à propoſer au Gouvernement que de lui dire : « Vous avez rétabli la Compagnie, parce que vous avez penſé qu'elle feroit le Commerce de l'Inde plus utilement que nous qui ne le faiſions avantageuſement ni pour nous-mêmes ni pour l'Etat. Vous lui avez donné un Privilége excluſif, au moyen duquel nous ne pouvons plus exercer ce Commerce légitimement & légalement. Par là vous nous réduiſez à faire la contrebande, à armer ſous Pavillon Etranger, Sarde, Toſcan, Suédois; c'eſt à l'Etranger que nous payons les frais d'armement, d'equipement, d'aviâtuaillement, de Commiſſion, d'entrepôt; c'eſt dans ſes Ports que nos Marchandiſes ſe rendent; & c'eſt de ſes Ports que nous les faiſons paſſer en fraude dans le Royaume. Le mal que nous faiſons à la France eſt énorme; il ira toujours en croiſſant. Vous n'avez qu'un moyen d'y remédier ; détruiſez vôtre ouvrage; anéantiſſez la **Compagnie**, & rendez nous notre liberté première ».

</td></tr></table>

·Si ce n'eſt pas là le langage littéral des Députés, c'eſt l'eſprit de celui qu'on leur prête; (1) & il faut convenir que c'eſt une manière, au moins bien extraordinaire, de ſe préſenter devant le Souverain dont on vient implorer la Juſtice.

Que des Montagnards, ou des Marattes, que le beſoin de la Guerre a fait enrégimenter, que le retour de la Paix a fait licencier, & qui, ne pouvant plus vivre de leur ſolde, ſubſiſtent de leurs Brigandages, raiſonnent & parlent ainſi ; Qu'ils veuillent forcer par la terreur, la Puiſſance qui les a réformés, à les reprendre à ſon Serviee; On le conçoit. Mais que des hommes honnêtes, des Citoyens ſoumis & reſpectueux, mettent en avant de pareilles conſidérations, & laiſſent échapper de pareilles menaces . . . . Arrêtons là nos Réflexions : Nous ne devons, nous ne voulons être que les Défenſeurs de la Compagnie, & nous finirions par devenir les Dénonciateurs de ſes Adverſaires.

Combien il eſt plus doux pour nous de trouver parmi eux, ſes Apologiſtes & ſes Vengeurs !

Au nombre des Députés, dont les noms figurent au bas du Mémoire auquel nous répondons, on lit le nom du *Député de l'Orient*.

Et c'eſt ce Négociant qui, le 9 Novembre 1784, quatre

---

(1) *Les Négociants du Royaume diſent au Gouvernement : Faites ceſſer le Privilége de la Compagnie ; car, ſi vous continuez d'ôter au Commerce National & libre, l'emploi de ſes Capitaux & de ſon induſtrie dans le Commerce de l'Inde, les Négocians feront ce Commerce ſous Pavillon étranger, au déſavantage du Royaume, qui y perdra tout ce qu'y gagnera l'Etranger auquel vous les forcez d'avoir recours.* Mémoire , page 79.

mois avant le rétabliſſement de la Compagnie ; diſoit dans un Mémoire *impartial*, qu'il adreſſoit au Gouvernement (1) :

« Si la France connoît ſes intérêts, s'il lui importe eſ-
» ſentiellement de balancer la puiſſance Angloiſe aux Indes
» Orientales, comme elle fait dans les Indes Occidentales,
» on ne peut pas voir, indifféremment, qu'un projet de
» franchiſe vienne en un inſtant achever d'éclipſer le peu
» de conſiſtance qui reſte encore au Commerce de l'Inde.
» Ce n'eſt pas aſſez de l'avoir ſappé dans ſes fondemens,
» par la deſtruction de la Compagnie des Indes, l'inter-
» vention du Commerce étranger va achever d'anéantir le
» Commerce François de l'Inde. Ce Commerce, ſource
» intariſſable de richeſſes pour les Anglois, va leur être
» aſſuré plus que jamais, &c.

» L'Angleterre (diſoit plus loin le Député de l'Orient)
» n'a pas fait, comme la France, la faute de renoncer au
» ſyſtême d'une Compagnie; elle fait, par expérience,
» que la liberté du Commerce ne convient qu'à des Mar-
» chandiſes de culture & de première néceſſité. Cette ſeule
» raiſon indiquoit parfaitement que le Commerce des Co-
» lonies ne devoit pas reſter entre les mains d'une Com-
» pagnie. . . . . . . Le Commerce de l'Inde eſt bien d'un
» autre genre ».

L'Auteur calcule enſuite tous les inconvéniens du Commerce Libre, la concurrence, l'impoſſibilité de lutter avec

---

(1) Sous le titre d'*Obſervations impartiales, ſur les avantages & les inconveniens de l'établiſſement du port franc, & de la franchiſe de la ville d'Orient*. Il eſt ſigné GODIN, *Juge - Conſul en exercice*.

la Compagnie Angloife, & il termine ces détails, pleins de force & de vérité, par ce morceau, que nous ne pouvons réfifter à la tentation de tranfcrire ici tout entier.

« La France ne peut lui oppofer (à l'Angleterre) que
» les mêmes armes, qui font celles d'une Compagnie
» émule de la fienne. *Envain s'engouera - t - on de tous les*
» *Sophifmes , Axiômes, du mot* Liberté du Commerce; *ce mot*
» *échoue ici contre l'expérience.* On le demande *aux Prôneurs*
» *de ce fyftéme,* Qu'eft-il réfulté d'avantageux de la liberté
» du Commerce des Indes & de la Chine? Qu'on interroge
» les Armateurs & les Capitaliftes particuliers qui l'ont
» entrepris; tous confefferont des pertes & des malheurs.
» Les gains n'ont paffé que dans les mains d'Acheteurs,
» Spéculateurs aux ventes. . . . . . Pour fe réfumer, il
» faut dire, hautement, que le Commerce de la Chine n'a
» donné aux Armateurs que de foibles profits, *tandis que*
» *celui des Indes n'a produit à la Nation, que le bénéfice*
» *d'une commiffion faite pour le compte Anglois, &c. &c.* ».

Par quelle fatalité, ou par quelle métamorphofe, la main, la même main qui fe confacroit alors avec tant de courage à la défenfe du fyftême que nous foutenons, s'eft elle depuis proftituée aux critiques injuftes, aux inculpa-tions menfongères, dont on a fémé les Ecrits publiés contre la Compagnie?

TERMINONS ici des Juftifications, toujours faftidieufes & pénibles, lors même qu'elles font néceffaires.

Elles auront au moins produit ce bien que, quand une Décifion, enfin irrévocable, aura fixé le fort de la Compagnie, elle pourra fe croire déformais, à l'abri des atteintes que l'intérêt Particulier, ou l'Efprit de nouveauté, voudroient lui porter encore.

Alors elle n'aura plus que des Actions de grâces à rendre à l'Adminiftration, d'avoir ouvert la Barrière à fes Accufateurs, & permis que l'on agitât de nouveau, devant la Nation, une Queftion jugée déjà plus d'une fois au Confeil du Roi.

Combien nous-nous féliciterions d'avoir contribué à convaincre le Souverain de la Sageffe de fon Ouvrage, & de la néceffité de le maintenir, pour fa propre gloire!

Mais, à ce fentiment qui lie tout François à l'honneur de fon Maître, vient s'en joindre un autre dont nous efpérons que les vrais Patriotes ne nous avoueront pas moins.

L'Angleterre voit avec une fecrette joie le combat qui fe livre en ce moment. Elle en attend l'iffue avec impatience; & fi jamais elle pouvoit être favorable au Commerce libre, le jour qui éclaireroit fon Triomphe, feroit un des plus beaux jours qui eût jamais lui pour la Compagnie Angloife.

Ne donnons pas à nos Rivaux, cet avantage fur la France. Il feroit pour nous le Tombeau du Commerce National dans l'Inde; &, pour eux, le dernier terme de leur Grandeur. Ah! Puifque nous les prenons fi fouvent aujourd'hui pour l'objet de notre Imitation, fçachons du moins imiter d'eux, cette Perfévérance, cet Efprit de Suite, auxquels ils doivent une partie de leurs grands Etabliffemens, mais auxquels ils doivent fur-tout la Confervation & la Splendeur actuelle de leur Compagnie.

La nôtre ne fera, il eſt vrai, ni Souveraine, ni Conqué-rante, mais elle n'en fera que plus utile. Elle ne dominera pas ſur cinq-cents lieues de Pays; Elle ne recevra pas en tribut deux-cents millions des Peuples de l'Inde ; mais aſſez forte de la protection du Gouvernement, pour remplir, avec ſûreté & tranquillité pour elle, avec honneur pour la Nation, la miſſion qui lui eſt confiée, elle ſçaura faïre conſidérer dans l'Inde le Pavillon François, affermir d'a-bord ſon Commerce, pour l'étendre enſuite; & nous met-tre enfin en état de ne plus devoir qu'à nous mêmes le moyen d'alimenter un luxe qui ſera toûjours d'autant plus diſpendieux pour nous, que nous employerons des voies moins directes pour le ſatisfaire.

Délibéré, par nous, Anciens Avocats au Parlement de Paris, ce 20 Février 1788. **HARDOIN.**

GERBIER. DE BONNIERES.

TABLEAU

DU COMMERCE

DE L'INDE.

Nº I.

TABLEAU DU COMMERCE DE L'INDE,

exercé par les Particuliers, & produit du droit de l'Indult, depuis l'année 1771, jusques & compris 1778.

SAVOIR:

Années.	Nombre des Vaisseaux.	Quantité des Tonneaux.	VALEUR DES MARCHANDISES D'IMPORTATION.				TOTAL GÉNÉRAL.
			RETOURS des Isles de France & de Bourbon. liv. s. d.	RETOURS des diverses parties de l'Inde. liv. s. d.	RETOURS de la Chine. liv. s. d.	TOTAL DES RETOURS de l'Inde & la Chine. liv. s. d.	liv. s. d.
1771.	8	5,600	1,906,171 8 11	3,256,620 2 5	5,173,172 13 4	8,430,332 15 9	10,336,504 4 8
1772.	13	8,100	1,428,173 16 10	9,149,696 13 9	4,730,276 6 1	13,879,972 19 10	15,288,146 16 8
1773.	14	6,850	650,128 15 5	8,711,734 10 »	5,822,047 18 »	14,533,782 8 »	15,183,911 3 5
1774.	18	8,700	563,904 14 3	8,475,694 14 4	8,575,808 7 5	17,051,503 1 9	17,615,407 16 »
1775.	19	10,550	507,769 11 6	10,906,218 17 1	10,892,593 12 »	21,798,812 9 1	22,306,582 » 7
1776.	24	10,800	1,019,329 17 »	19,401,411 16 »	6,504,327 17 6	25,906,750 3 6	26,926,080 10 6
1777.	23	13,710	782,475 14 »	16,616,961 14 6	10,110,317 4 »	26,727,288 18 6	27,509,764 12 6
1778.	12	7,375	164,011 14 »	9,561,869 19 »	4,257,657 13 10	13,799,527 12 10	13,963,549 6 10
Totaux	131	71,675	7,001,975 11 11	86,081,219 7 1	56,046,751 12 2	142,127,970 19 3	149,129,946 11 2
Année commune.	16	8,961	875,246 19 »	10,760,152 8 5	7,005,843 19 »	17,765,995 7 5	18,641,243 6 5

PRODUIT du Droit d'Indult, suivant l'Article IX de l'Arrêt du 6 Septembre 1769.

	liv. s. d.			liv. s. d.
Sur les Importations de l'Inde, année commune.	10,760,152 » »	}	à 5 p. $\frac{2}{8}$	— 538,007 12 »
Sur celles de Chine. . . . Idem.	7,005,843 » »	Idem.		— 350,292 3 »
				888,199 15 »
Sur celles des Isles de France & de Bourbon. . . Idem.	875,246 » »		à 5 p. $\frac{0}{8}$	— 43,762 7 »
	18,641,241 » »			
			Total du produit du droit d'Indult, année commune.	— 932,062 2 »

ÉTAT, au vrai, du nombre & du Port des Vaisseaux armés par le Commerce particulier, en destination pour *l'Isle de France*, *l'Inde* & *la Chine*, depuis la suspension du Privilége de l'ancienne COMPAGNIE DES INDES, en 1769, jusqu'à l'établissement de la nouvelle en 1775, pour servir de comparaison à l'Etat présenté à la page 27 du Mémoire relatif à la discussion du Privilége de ladite Compagnie.

SÇAVOIR:

NOMS des Navires.	NOMS des Ports d'où ils sont.	NOMS des Capitaines.	PORT en Tonneaux.	DESTINATIONS des Navires.	DATES de leur retour à l'Orient.	OBSERVATIONS.
1770 & 1771.						
VAISSEAUX armés par l'ancienne Compagnie des Indes, & chargés en partie par le Commerce particulier.						
Le Triton.	L'Orient.	Winfelow.	550	Pondichéry.	10 Oct. 1771.	L'Expédition de ces quatre Vaisseaux, appartenants à l'ancienne Compagnie des Indes, ne peut être attribuée au Commerce particulier.
Le Massiac.	Idem.	Vaubercy.	800	Idem.	27 Avr. 1771.	
Le Mars.	Idem.	Bouvet.	1,200	Idem.	19 Juill. 1772.	
Le Gange.	Idem.	Kangal.	650	Idem.	14 Déc. 1772.	
			3,200	4		
1769.						
Le S.-Jean-Baptiste.	Nantes.	Surville.	600	Bengale.	20 Août 1773.	A donné plus des deux tiers de perte.
La Digue.	L'Orient.	Marion.	360	»	29 Mai 1771.	A donné beaucoup de perte.
			960	1		

NOMS des Navires.	NOMS des Ports d'où ils sont.	NOMS des Capitaines.	PORT en Tonneaux.	DESTINATIONS des Navires.	DATES de leur retour à l'Orient.	OBSERVATIONS.
				Suite de l'Année . . **1769.**		
		De l'autre part. . . . 960		1		
Le Jason.	L'Orient. . .	Deschiens.	. . .300	Bengale. . . .	. . . » . . .	Vendu dans l'Inde & perdu à la côte d'Angole.
Le Saint-Florentin. . .	Idem.	Guyot.	. . .160	Isle de France.	. . . » . . .	Expédition pour l'Isle de France.
L'Amitié.	Bordeaux.	Sabatterie.	. . .200	. . Idem. . .	. . . » . . .	Idem , & perdu à Bourbon le 3 Décembre 1770.
Le Gerion.	L'Orient. . .	Dumeny.	. . .250	. . Idem. . .	9 Mai 1771.	Expédition pour l'Isle de France.
			. .1,970	5		
				1770.		
Le Pondichéry.	L'Orient. . .	Villeperault.	. . .900	Chine. . . .	23 Juin 1771.	Ces deux Vaisseaux ont donné du bénéfice ayant
Le Duras.	Idem. . . .	Dordelin.	. . .900	. . Idem. . .	23 Juill. 1771.	été prêtés aux Particuliers armés aux frais du Roi.
Le Penthiévre.	Idem. . . .	Villegris.	. . .900	Isle de France.	31 Mai 1771.	Expéditions pour l'Isle de France, Vaisseaux prêtés
Le Brisson.	La Rochelle.	Bertrand.	. . .700	. . Idem. . .	26 Avril 1772.	& armés aux frais du Roi.
L'Athalante.	L'Orient. . .	Rio.	. . .160	. . Idem. . .	14 Juill. 1774.	Expédition pour l'Isle de France.
Le Praslin.	Idem. . . .	Closnard.	. . .600	Bengale. . . .	27 Déc. 1771.	A donné de la perte quoiqu'armé aux frais du Roi
La Thétis.	Nantes. . . .	Lanne.	. . .250	Isle de France.	Juill. 1772.	Expédition pour l'Isle de France.
			. .4,510	7		
				1771.		
L'Hector.	Chandernagor.	Desblotieres. . . .	. .1,000	Bengale. . . .	22 Mai 1772.	A donné une perte considérable.
Le Dauphin.	L'Orient. . .	Saint-Hilaire. . . .	. . .900	Chine. . . .	17 Juill. 1772.	A donné du bénéfice le Vau. ayant été prêté par le Roi
L'Unique.	Idem. . . .	Bourdé.	. . .225	Isle de France.	. . . » . . .	Expédition pour l'Isle de France.
			. .2,125	3		

NOMS des Navires.	NOMS des Ports d'où ils sont.	NOMS des Capitaines.	PORT en Tonneaux.	DESTINATIONS des Navires.	DATES de leur retour à l'Orient.	OBSERVATIONS.
Suite de l'Année . . 1771.						
Ci-contre.			1,125	3		
Le Laverdy.	L'Orient. . . .	Brulenne.	. . .700	Chine.	17 Juill. 1772.	Vaisseau prêté par le Roi, dont le résultat nous est inconnu.
La Sirenne.	Idem. . . .	Gottocheau.	. . .200	Bengale. . . .	17 Juill. 1773.	Le résultat nous est inconnu.
Le Zéphir.	Idem. . . .	Guyon.	. . .200	Isle de France.	10 Avril 1772.	
Le Bruny.	Idem. . . .	Maugendre. . . .	. . .500	. . Idem. . .	6 Mai 1773.	Expéditions pour l'Isle de France.
Le Comte de Langeron. .	Idem. . . .	La Fontaine. . . .	. . .150	. . Idem. . .	. . ‟ . . .	
Le Boynes.	Saint-Malo.. .	Le Brun.	. . .240	. . . ‟ . .	26 Mai 1773.	A donné de la perte.
La Cérès.	L'Orient. . .	Le Beau.	. . .200	Mozambique. .	8 Mai 1774.	Expédition pour l'Isle de France & Mozambique.
Le Penthièvre.	Idem. . . .	Caro.	. . .900	Chine. . . .	15 Juin 1773.	Le résultat de ces trois expéditions nous est inconnu & ne peut pas avoir donné de grands bénéfices.
Le Duras.	Idem. . . .	Dordelin. . . .	. . .900	. . Idem. . .	15 Juin 1773.	
Le Massiac.	Idem. . . .	Villeperault. . .	. . .900	. . Idem. . .	15 Juin 1773.	
Le Narbonne.	La Rochelle. .	Allain.	. . .200	Isle de France.	Août 1772.	Expédition pour l'Isle de France.
La Duch. de Grammont.	Saint-Malo.. .	Dumoulin. . . .	. . .500	Moka.	Juin 1772.	Le résultat nous est inconnu.
			. .7.695	14.		
1772.						
Le Duc de la Vrillère. .	Chandernagor.	Bouchaud.	. . .550	Bengale. . . .	17 Juill. 1772.	A donné de la perte.
Le Triton.	L'Orient. . .	Berger.	. . .500	. . Idem. . .	2 Nov. 1773.	A donné de la perte, quoique le Vaisseau fut prêté par le Roi.
L'Hercule.	Honfleur. . .	Clemencin. . . .	. . .550	. . Idem. . .	2 Déc. 1773.	A donné une perte très-considérable.
Le Pondichéry.	L'Orient. . .	Delamotte. . . .	. . .900	. . Idem. . .	17 Déc. 1775.	Expédition très-malheureuse, quoique le Vaisseau fut prêté par le Roi.
La Marie Adélaïde. . .	Marseille.. .	Pelissery. . . .	. . .550	. . Idem. . .	7 Mars 1776.	Expédition très-malheureuse.
			. .2.850	5		

NOMS des Navires.	NOMS des Ports d'où ils sont.	NOMS des Capitaines.	PORT en Tonneaux.	DESTINATIONS des Navires.	DATES de leur retour à l'Orient.	OBSERVATIONS.
			Suite de l'Année . . 1772.			
		De l'autre part . . .2,850		5		
La Bretagne.	Bordeaux.	Mancel.	. . .500	Bengale.	9 Mai 1774.	Expédition à fret dont le résultat nous est inconnu.
La Digne.	L'Orient.	Saint-Pierre.	. . .360	Isle de France.	»	Expédition pour l'Isle de France & l'Amérique,
La Sainte-Anne.	Saint-Malo.	Astruc.	. . .300	Indes.	14 Nov. 1772.	A dû donner de la perte.
Les trois Cousins.	L'Orient.	Sabatterie.	. . .350	Isle de France.	13 Août 1773.	Expédition pour l'Isle de France.
Les Castries.	Idem.	Winselow.	. .700	Mahé.	5 Juin 1774.	A donné de la perte quoique le Vaiss. fut prêté par le Roi,
Le Praslin.	Idem.	Closnard.	. .600	. . Idem.	4 Août 1774.	A donné de la perte.
La Brune.	Idem.	Malles.	. .300	Isle de France.	12 Juin 1775.	Expédition pour l'Isle de France.
L'Union.	Saint-Malo.	Dumesnil.	. .260	Bengale.	17 Nov. 1775.	Ont donné de la perte.
Le Brisson.	La Rochelle.	Bertaud.	. .900	Chine.	9 Juill. 1774.	
L'Alexandre.	Idem.	Lainard.	. .200	Isle de France.	Sept. 1773.	Expéditions pour l'Isle de France.
Le Comte de Menou.	Nantes.	Oliere.	. .300	. . Idem.	»	
			. .7,620	16.		
			1773.			
Le Boignes.	Chandernagor.	Herconet.	. .500	Bengale.	18 Déc. 1773.	A donné de la perte.
Le Beaumont	L'Orient.	Omerat.	. .900	Chine.	8 Juill. 1774.	Vaisseau prêté par le Roi, dont le résultat nous est inconnu.
Le Dauphin.	Idem.	La Brilaine.	. .900	Idem.	15 Juin 1774.	Le résultat nous est inconnu.
L'Unique.	Saint-Malo.	Bourdé.	. .220	Pondichéry.	14 Juill. 1775.	A donné de la perte.
L'Antoinette-Marie.	Cette.	Duval.	. .400	Isle de France.	3 Juill. 1774.	Expédition pour l'Isle de France.
L'Hector.	Chandernagor.	Desbjotieres.	.1,000	Bengale.	17 Août 1774.	Ont donné de la perte.
L'Aquilon.	L'Orient.	Dufaï.	. .500	Idem.	28 Août 1774.	
Le Gange.	Idem.	Geslin de Châteausur	. .700	Idem.	11 Juill. 1775.	
			. .5,120	8.		

NOMS des Navires.	NOMS des Ports d'où ils sont.	NOMS des Capitaines.	PORT en Tonneaux.	DESTINATIONS des Navires.	DATES de leur retour à l'Orient.	OBSERVATIONS.
Suite de l'Année . . 1773.						
Ci-contre			5,120	4		
La Vrilliere.	Chandernagor,	Bouchaud.	. . 500	Bengale. . . .	13 Juill. 1775.	Ont donné de la perte.
Le Gracieux.	Havre.	Blancard.	. . 350	Moka.	21 Avr. 1775.	
Le Duc d'Aiguillon. . .	L'Isle de France	La Serve.	, . 225	Isle de France.	20 Avr. 1774.	Expéditions pour l'Isle de France.
Le Solide. . . . . . ,	Idem.	Barre.	. . 350	Idem. . . .	20 Mai 1774.	
L'Anonime. . . . . . ,	L'Orient. . . .	La Porte.	, . 300	Bengale. . .	10 Août 1776.	
L'Américain.	Saint - Malo. ,	Chanteloup. . . .	. . 450	Chine. . . .	12 Juill. 1775.	Ont donné de la perte.
Le Carnate. . , . . .	Pondichery. .	Chenu.	. . 900	Pondichéry, .	23 Juin 1775.	
L'Aigle.	L'Isle de France	Boulet.	. . 500	Isle de France.	12 Juill. 1775.	Expéditions pour l'Isle de France.
Le Narbonne.	La Rochelle. .	Beaujour. . . .	. . 200	Idem.	Juill. 1774.	
La Catherine.	Nantes. . . .	Duclos Guyot. . .	. . 400	Chine. . . .	14 Juill. 1774.	A donné de la perte.
L'Iris.	Marseille. . .	Simon.	. . 300	Moka. . . .	4 Déc. 1774.	Le résultat nous est inconnu.
L'Afriquain.	Saint - Malo. .	This.	. . 400	Pondichéry. .	Janv. 1775.	
Le Saint-Jean-Baptiste.	Idem.	Rochecadre. . . .	. . 350	Isle de France.	. . . » . . .	Expéditions pour l'Isle de France.
La Marquise de Marbœuf.	Nantes. . . .	Feuillete.	. . 400	Idem.	. . . » . . .	
			10,545	22.		
1774.						
Le Fortuné.	Isle de France,	Pellegrin. . . .	. . 450	Isle de France.	5 Août 1774.	Expédition pour l'Isle de France.
Le Fitz-James. . . .	Saint-Malo. . .	Pierres.	. 1,000	Chine. . . .	13 Juin 1775.	A donné de la perte.
La Ville de l'Orient. .	L'Orient. . .	Purenne.	. . 150	Isle de France.	. . . » . . .	Expédition pour l'Isle de France où il a été vendu.
Le Superbe.	Idem.	Devigny.	. 1,300	Chine. . . .	27 Juin 1775.	A donné de la perte.
Les trois Amis. . . .	La Rochelle. .	Bonfils.	. . 900	. . Idem. . ,	4 Févr. 1776.	Idem.
Le Saint - Pierre. . . .	L'Orient. . . .	Tabourel.	. . 130	Isle de France.	. . . » . . .	Expédition pour l'Isle de France où il a été vendu.
			. 3,930	6.		

NOMS des Navires.	NOMS des Ports d'où ils font.	NOMS des Capitaines.	PORT en Tonneaux.	DESTINATIONS des Navires.	DATES de leur retour à l'Orient.	OBSERVATIONS.
		Suite de l'Année . . . 1774.				
		De l'autre part. . . 3,930		4		
Le Broglie.	L'Orient . . .	Ciro.	.1,200	Chine.	27 Juin 1775.	A donné de la perte.
Le Terray.	Saint-Malo. .	Le Brun.	. . .900	Bengale. . . .	18 Mars 1776.	Idem.
Le Penthièvre.	L'Orient. . .	Quezengal. . . .	. . .900	Mahé.	30 Déc. 1775.	Idem.
La Sainte-Anne. . . .	Saint-Malo. .	Aftrucq.	. . .300	Isle de France.	18 Mai 1775.	Expédition pour l'Isle de France.
L'Aléxandre.	La Rochelle. .	Lainart	. .200	Chine.	26 Août 1776.	A donné de la perte.
Le Duras.	L'Orient. . .	Saint-Hylaire. . . .	. . .900	Moka.	18 Juin 1777.	A donné une perte très-confidérable.
L'Efpérance.	Idem. . . .	Defmolieres. . . .	. .360	Isle de France.	. . . . »	Expédition pour l'Isle de France où il a été vendu.
L'Actif.	Nantes. . . .	L'Hormeau. . . .	. .450	. . Idem. . .	2 Août 1775.	Expédition pour l'Isle de France.
L'Hypopotam.	L'Orient. . .	Graniere.	. .140	. . Idem. .	. . . . »	Idem, & refté dans l'Inde.
La Sirenne.	Idem. . . .	Rays.	. .200	. . Idem. .	13 Avr. 1776.	Idem, pour l'Isle de France.
Le Saint-Jofeph. . .	Idem. . . .	Mories.	. .120	. . Idem. .	. . . . »	Idem, où il a été vendu.
La Normande.	Idem. . . .	Prevoft de la Croix.	. .600	. . Idem. .	30 Déc. 1775.	Expédition pour l'Isle de France.
L'Ajax.	La Rochelle. .	Crozet.	. .650	Bengale. . . .	26 Août 1776.	A donné de la perte.
L'Athalante.	L'Orient. . .	Le Baud.	. .300	Isle de France.	. . . . »	Expédition pour l'Isle de France.
Le Salomon.	Idem. . . .	Bourdé.	. .350	Pondichéry. . .	11 Janv. 1777.	A donné de la perte.
Le Bury.	Nantes. . . .	Olivier.	. .400	Bengale. . . .	Janv. 1776	Idem.
La Cerès.	La Rochelle. .	Giraux.	. .600	Indes.	. . . . » . . .	Perdu au Cap le 8 Juin 1786.
Le Saint-Jofeph. . . .	Marfeille. . .	Blancard. . . .	. .200	Isle de France.	. . . . »	Expédition pour l'Isle de France, de-là à l'Amérique.
Le Chaumont.	Nantes. . . .	Groflo.	. .450	Bengale. . . .	21 Juin 1776.	A donné de la perte.
L'Indécis.	Idem. . . .	Aftrucq.	. .250	Isle de France.	. . . . » . .	Expédition pour l'Isle de France, de-là à l'Amérique.
			13,400	26.		

NOMS des Navires.	NOMS des Ports d'où ils sont.	NOMS des Capitaines.	PORT en Tonneaux.	DESTINATIONS des Navires.	DATES de leur retour à l'Orient.	OBSERVATIONS.
				1775.		
Le Modeste.	Saint-Malo.	Dumont.	900	Chine.	5 Juin 1776,	Cette expédition a réussi.
Le Duc d'Aigillon.	Chandernagor.	Destotieres.	1,000	Chandernagor.	»	Désarmé à Chandernagor.
Le Mergé.	Nantes.	Dubignon.	500	Isle de France.	16 Avr. 1776.	Expédition pour l'Isle de France.
Le Brisson.	La Rochelle.	Deschezaux.	700	Chine.	19 Nov. 1776.	Doit avoir donné de la perte.
Le Curieux.	L'Orient.	Dorvo.	150	Bengale.	»	Resté dans l'Inde.
La Ch.te Marguerite.	Idem.	Le Merer.	160	Isle de France	»	Expédition pour l'Isle de France, où il a resté.
Le Beaumont.	Idem.	Berger.	950	Chine.	14 Juin 1777.	Le résultat ne nous est pas connu.
Les trois Cousins.	Idem.	Nand.	350	Chandernagor.	»	Vendu au Bengale.
Le Maurepas.	La Rochelle.	Robin.	550	Mahé.	5 Mai 1777.	Doit avoir donné de la perte.
Le Dauphin.	L'Orient.	Dordelin.	900	Chine.	30 Juill. 1776.	Le résultat ne nous est pas connu.
Le Castries.	Idem.	Gouyon.	700	Pondichéry.	23 Janv. 1777.	A donné de la perte.
Le Saint-Vincent.	Vannes.	Moreau.	225	Isle de France.	»	Expédition pour l'Isle de France où il a été vendu.
La Natoli.	L'Orient.	Duclos-Guyot.	370	Idem.	»	Idem, où il a resté.
L'Aquilon.	Idem.	Landenœuf.	500	Bengale.	26 Août 1776.	A donné de la perte.
Le Sartine.	Idem.	Maugendre.	500	Mahé.	20 Oct 1776.	Idem.
Le Boynes.	Chandernagor.	L'Abbé.	600	Bengale.	»	Resté dans l'Inde.
L'Isle de France.	Brest.	Bettremieux.	600	Idem.	24 Août 1777.	Prêté par le Roi, & a donné de la perte.
Le Sévère.	L'Orient.	Bruleune.	1,300	Chine.	19 Août 1777.	A donné de la perte.
Le Turgot.	Idem.	Vaubercy.	700	Idem.	23 Juin 1777.	Idem.
L'Altier.	Isle de France.	Beaurivage.	180	Isle de France	11 Mai 1776.	Expédition pour l'Isle de France.
La Bricole.	Rochefort.	Clouard.	700	Mahé.	19 Août 1777.	Prêté par le Roi, & a donné de la perte.
Le Lion.	Caën.	Girodroux.	150	Isle de France.	»	Expédition pour l'Isle de France où il a été vendu.
L'Alliance.	Isle de France.	Vandoré.	330	Pondichéry.	5 Juill. 1776.	Le résultat ne nous est pas connu.
Le Saint-René.	Saint-Malo.	Giron.	200	Isle de France.	9 Août 1776.	Expédition pour l'Isle de France.
Le Taleirand.	Nantes.	Feuillette.	500	Idem.	3 Juin 1776.	Idem.
Le Printems.	Saint-Malo.	Beauséjour.	350	Pondichéry.	Avril 1777.	Le résultat ne nous est pas connu.
Le Lion.	Nantes.	Pelard.	500	Isle de France.	»	Exp. pour l'Isle de France & retour par l'Amérique.
L'Épaminondas.	Idem.	Le Huéde.	350	Idem.	28 Juin 1776.	Expédition pour l'Isle de France.
La Bretagne.	Bordeaux.	Mancel.	500	Indes.	10 Oct. 1777.	Le résultat ne nous est pas connu.
Le Citoyen.	Marseille.	Becard.	200	»	»	Exp. pour l'Isle de France & retour par l'Amérique.
Le Guerrier.	Nantes.	Richet.	450	»	9 Août 1776.	Expédition pour l'Isle de France.
			16,065	31.		

NOMS des Navires.	NOMS des Ports d'où ils sont.	NOMS des Capitaines.	PORT en Tonneaux.	DESTINATIONS des Navires.	DATES de leur retour à l'Orient.	OBSERVATIONS.
				1776.		
Le Broglie.	L'Orient.	Caro.	1,200	Chine.	3 Juill. 1777.	Doit avoir donné très-peu de bénéfice.
La Brune.	Idem.	Males.	300	Pondichéry.	23 Juill. 1777.	A donné de la perte.
Le Bordelais	Rochefort.	De Marinière.	1,100	Mabé.	5 Mai 1778.	Prêté par le Roi, & a donné beaucoup de perte.
La Vrilliere.	Chandernagor.	Sabatterie.	500	Chandernagor.	»	Resté au Bengale.
L'Aimable Nanette.	La Rochelle.	Bertrand.	600	Bengale.	2 Août 1777.	Doit avoir donné de la perte.
Le Comte de S. Germain.	Caën.	Guerad.	450	Isle de France.	30 Juill. 1777.	Expédition pour l'Isle de France.
Le Gange.	L'Orient.	Caro.	700	Bengale.	14 Juin 1777.	Doit avoir donné beaucoup de bénéfice.
Le Genois.	Marseille.	Jauffert.	340	Isle de France.	30 Mai 1777.	Expédition pour l'Isle de France.
Le Triton.	Honfleur.	Motard.	250	Bengale.	»	Vendu dans l'Inde.
Le Sage.	L'Orient.	Purenne.	250	Idem,	2 Août 1777	A donné de la perte.
Les trois Amis.	La Rochelle.	Bonfils.	900	Chine.	28 Oct. 1778.	Idem.
Le Fitz James.	Saint-Malo.	Villebrune.	700	Idem.	8 Janv. 1779.	Idem.
Le Gracieux.	Havre.	Tolin.	400	Isle de France.	»	Exp. pour l'Isle de France & retour par l'Amériqu[e]
Le Normand.	Honfleur.	Campion.	250	Pondichéry.	»	Perdu dans le Gange.
L'Aurore.	L'Orient.	Coify.	105	Isle de France.	»	Exp. pour l'Isle de France, perdu aux Isles Sechelle[s]
L'Aigle.	La Rochelle.	Boulet.	350	Mahé.	21 Août 1777.	A donné de la perte.
L'Expérience.	L'Orient.	Colomb.	200	Isle de France.	»	A donné de la perte.
La Ville d'Archangel.	Idem.	Delhorme.	400	Bengale.	27 Mai 1778.	Expédition pour l'Isle de France où il s'est perd[u]
La Boufone.	Idem.	Deschiens.	150	Isle de France.	»	A donné quelque bénéfice.
Le Mergé.	Nantes.	Dubignon.	500	Indes.	»	Expédition pour l'Isle de France où il a resté.
Le Pondichéry.	L'Orient.	Kangal.	900	Chine.	21 Avr. 1779.	Perdu dans le Gange.
Le Carnate.	Idem.	Beaulieu.	700	Pondichéry.	»	Peut avoir donné quelque bénéfice.
Le Terray.	Idem.	Le Brun.	800	Bengale.	15 Août 1778.	Pris par les Anglois.
Le Modeste.	Saint-Malo.	Chanteloup.	900	Chine.	»	N'a point donné de bénéfice.
La Philippine.	Marseille.	Guey.	560	Bengale.	11 Sep. 1778.	Pris par les Anglois.
Le Moissonneur.	Saint-Malo.	Dubois.	200	Isle de France.	»	A donné du bénéfice.
Le Marquis de Ségur.	Nantes.	Bertheaume.	300	Idem.	»	Exp. pour l'Isle de France & retour par l'Amériqu[e]
Le Restaurateur.	Idem.	Naud.	400	Idem.	18 Déc. 1777.	Idem.
La Catherine.	Idem.	Le Ray.	400	Idem.	Juin 1777.	Expédition pour l'Isle de France.
La Marquise de Marbœuf.	Idem.	Joffet.	400	Idem.	24 Juill. 1777.	Idem.
			15,205	30.		

NOMS des Navires.	NOMS des Ports d'où ils font.	NOMS des Capitaines.	PORT en Tonneaux.	DESTINATIONS des Navires.	DATES de leur retour à l'Orient.	OBSERVATIONS.
			Suite de l'Année . . 1776.			
			15,205	30.		
La Sainte-Anne. . . .	Saint-Malo. .	Herconet.	. . .350	Traite des Noirs & Amérique.	1778.	Traite des Noirs & retour par l'Amérique.
La Jeune Indienne. . .	Bordeaux. . .	Defchiens.	. . .300	Pondichéry. . .	. . . » . . .	Perdu à Pondichéry.
Le Bernier.	Nantes. . . .	Rivereau.	. . .500	. . Idem. . .	Janv. 1778.	A donné de la perte au Chargeur à fret.
Le Chavigny.	Idem. . . .	Lhormeau.	. . .550	Ifle de France.	24 Avr. 1777.	Expédition pour l'Ifle de France.
Le Talayrand.	Idem. . . .	Feuillette.	. . .500	Chine.	15 Août 1778.	A donné de la perte.
La Vendangeufe. . . .	Dunkerque. .	Pezin.	. . .400	Ifle de France.	Août 1777.	Expédition pour l'Ifle de France.
Le Gafton.	Nantes. . . .	Gloro.	. . .500	Indes.	. . . » . . .	Pris par les Anglois.
Le Cavaillon.	Rochefort. . .	Neveu.	. . .180	Pondichéry. .	23 Fév. 1778.	A donné de la perte au Chargeur à fret.
			18,485	39.		
			1777.			
L'Aquilon.	L'Orient. . . .	Lavigne Buiffon. .	. . .500	Bengale. . . .	3 Oct. 1778.	A donné de la perte.
Le Prevoft.	Idem.	Oury.	. . .300	Ifle de France.	. . . » . . .	Expédition pour l'Ifle de France où il a refté.
L'Elifabeth.	Idem.	Morice.	. . .250	. . Idem. . .	. . . » . . .	Idem.
Le Maurepas.	Idem.	Mulerfe.	. . .900	Bengale. . . .	. . . » . . .	Perdu à Madagafcar.
L'Epaminondas, ...	Nantes. . . .	Le Huedé.	. . .300	Ifle de France,	. . . » . . .	Expédition pour l'Ifle de France.
L'Augufte.	L'Orient. . . .	Le Merer.	. . .200	. . Idem. . .	. . . » . . .	Idem, refté à l'Ifle de France.
La Diligente.	Idem.	Amifcel, ...	. . .190	. . Idem. . .	. . . » . . .	Idem , Idem.
Les deux Amis.	Idem.	Moreau.	. . .250	Chine.	. . . » . . .	Pris par les Anglois.
Le Chaumont.	Nantes. . . .	Benoift.	. . .450	Bengale. . . .	Août 1778.	A donné de la perte au chargeur à fret.
Le Jeune François. . .	Idem.	Viard.	. . .300	Ifle de France,	Avril 1778.	Expédition pour l'Ifle de France.
Le Favori.	Saint-Malo. .	Aftrucq.	. . .500	Bengale. . . .	. . . » . . .	Perdu dans le Gange.
			4,140	11.		

NOMS des Navires.	NOMS des Ports d'où ils sont.	NOMS des Capitaines.	PORT en Tonneaux.	DESTINATIONS des Navires.	DATES de leur retour à l'Orient.	OBSERVATIONS.
		Suite de l'Année . 1777.				
		De l'autre part 4,140		11		
Le Sartine.	Bordeaux. . .	Vernet.	. . 500	Pondichéry. .	. . . » . . .	Pris par les Anglois.
La Sainte-Anne.	Nantes.	Marcaille.	. . 400	Isle de France.	Juin 1778.	Expédition pour l'Isle de France.
La Ville de Rennes. . .	Idem. . . .	Rio.	. . 500	. . Idem. . . .	. . . » . . .	Idem , & retour par l'Amérique.
La Sainte-Thérèse. . .	L'Orient. . .	Bourdé.	. . 300	. . Idem. . . .	. . . » . . .	Idem , resté dans l'Inde.
La Ferme.	Nantes. . . .	Delastre.	. . 400	Pondichéry. .	. . . » . . .	Pris par les Anglois.
Le Jean-Louis.	Saint - Malo. .	Alaine.	. . 300	Bengale. . . .	17 Mai 1778.	Doit avoir donné de la perte.
L'Auguste.	Nantes. . . .	Deschiens.	. . 300	Isle de France.	. . . » . . .	Exp. pour l'Isle de France & retour par l'Amérique.
L'Iris.	Marseille. . .	Simon.	. . 300	Moka.	. . . » . . .	Pris par les Anglois.
La Batistine.	Idem. . . .	Morphi.	. . 150	Isle de France.	. . . » . . .	Expéd. pour l'Isle de France où il a resté.
L'Elisabeth.	La Rochelle. .	Crozet.	. . 800	Bengale. . . .	. . . » . . .	Resté dans l'Inde.
			8,090	21.		
		1778.				
Le Duguesclin.	Nantes.	Gresset.	. . 550	Chine. . . .	. . . » . . .	Pris par les Ennemis.
L'Aimable Nanette. . .	La Rochelle. .	Boutet.	. . 600	Pondichéry. .	. . . » . . .	Resté dans l'Inde & pris par les Ennemis,
Le Brisson.	Idem. . . .	Deschezeaux. . . .	. . 600	Chine. . . .	21 Mars 1780.	Le résultat nous est inconnu.
Le Dauphin.	L'Orient. . . .	Dumont.	. 1,000	. . Idem. . .	1 Août 1779.	
Le Saint - Germain. . .	Caën.	Guerard	. . 400	Pondichéry. .	. . . » . . .	Perdu dans l'Inde.
Le Vigilant.	L'Orient. . . .	Dorvo.	. . 200	Isle de France.	. . . » . . .	Expéditions pour l'Isle de France.
Le Farges.	La Rochelle. .	Muny.	. . 800	Indes.	. . . » . . .	Pris par les Ennemis.
Le Comte d'Arrois. . .	Saint - Malo. .	Girodran.	. . 300	Isle de France.	. . . » . . .	Expéditions pour l'Isle de France.
La Comtesse de Marbœuf.	Nantes. . . .	Josset.	. . 400	. . Idem. . .	. . . » . . .	
Le Salomon.	L'Orient. . .	Dubignon.	. . 500	Indes.	. . . » . . .	Idem , & armé en course.
Les Amis.	Idem. . . .	Landenœuf. . . .	. . 120	. . Idem. . .	. . . » . . .	Aviso à l'Isle de France pour compte du Roi.
			5,470	11.		

NOMS dés Navires.	NOMS des Ports d'où ils font.	NOMS des Capitaines.	PORT en Tonneaux.	DESTINATIONS des Navires.	DATES de leur retour à l'Orient.	OBSERVATIONS.
				1779.		
Les deux intimes amis.	L'Orient.	Mancel.	.750	Ifle de France.	»	Expéditions pour l'Ifle de France au compte du Roi.
L'Hercule.	Breft.	Le Doux.	.400	Idem.	»	
			1,150	2.		
				1780.		
Le Gange.	L'Orient.	Michel.	.800	Ifle de France.	»	
La Fille Unique.	Saint-Mato.	Fouqueux.	.300	Idem.	»	
L'Ifabelle.	Idem.	Bazin.	.180	Idem.	»	
Le Palmar.	L'Orient.	Fautrel.	.100	Idem.	»	
La Henriade.	Idem.	J. Michel.	.500	Idem.	»	
La Petite Julie.	Idem.	Morin.	.320	Idem.	»	
La Duch. de Chartres.	Saint-Malo.	Dubois.	.200	Idem.	»	
Le Deftin.	Idem.	Laville-Aubert.	.200	Idem.	»	Expéditions pour l'Ifle de France, en majeure partie pour le compte du Roi.
Le Chaumont.	Nantes.	Benoift.	.500	Idem.	»	
Le Nelfon.	Idem.	»	.500	Idem.	»	
Le Jean-François.	Idem.	Viard.	.300	Idem.	»	
La Victoire.	Idem.	Blanchard.	.300	Idem.	»	
Le Reftaurateur.	Idem.	Naud.	.400	Idem.	»	
La Marianne de Sartine.	Idem.	Duval.	.500	Idem.	»	
La Dlle de Narbonne.	L'Orient.	Pichon.	.250	Idem.	»	
La Pauline.	Idem.	Goardun.	.200	Idem.	»	
Le Marchand Italien.	Nantes.	Piron.	.500	Idem.	»	
			5,450	17.		

NOMS des Navires.	NOMS des Ports d'où ils font.	NOMS des Capitaines.	PORT en Tonneaux.	DESTINATIONS des Navires.	DATES de leur retonr à l'Orient.	OBSERVATIONS.
				1781.		
La Serapis.	L'Orient	Roche.	900	Indes.	»	Corſaire.
L'Eſpérance.	Idem.	Doux.	100	Iſle de France.	»	Expédition pour l'Iſle de France.
Le Briſſon.	La Rochelle.	Foucaud.	800	Indes.	»	Expéditions pour l'Iſle de France, frêtés au Roi.
Les Trois Amis.	Idem.	Dubois.	600	Idem.	»	
Le Maurepas.	Idem.	Le Sage.	550	Idem.	»	
La Victoire	L'Orient.	Gouardun.	180	Iſle de France	»	Expéditions pour l'Iſle de France, & partie pour l'Amérique.
La Roſalie.	Idem.	Blanchard.	400	Idem.	»	
L'Aigle.	Idem.	Rosbo.	350	Idem.	»	
Le Coureur.	Idem.	Peletier.	130	Idem.	»	
L'Iris.	Nantes.	Forget.	400	Indes.	»	Le Réſultat nous eſt inconnu.
La Veſta.	L'Orient.	Serce.	180	Iſles de France.	»	Expéditions pour l'Iſle de France.
La Garonne.	Bordeaux.	Borfuges.	600	Indes.	»	
L'Oſtendoiſe Couronnée.	L'Orient.	Geffrelot.	350	Iſle de France.	»	
Le Grand Serpedor.	Bordeaux.	La Fourcade.	500	Indes.	»	Pris par les Ennemis.
La Princeſſe d'Hénin.	Idem.	Alanier.	300	Iſle de France	»	Expéditions pour l'Iſle de France & l'Amérique.
L'Union	Idem.	Leroi.	350	Idem.	»	
Le Superbe.	Idem.	Coliſſon.	450	Idem.	»	Expédition pour l'Iſle de France.
			7,240	17.		
				1782.		
La Concorde.	Bordeaux.	Renaud.	450	Indes.	»	Frêté au Roi pour l'Iſle de France.
La Comteſſe de Maillé.	Saint-Brieux.	Baumard.	300	Mahé.	16 Sept. 1785.	Idem. & Trinquemale.
L'Archange S.-Michel.	L'Orient.	Naud.	500	Indes.	25 Avr. 1784.	Vaiſſeau Ruſſe frêté au Roi.
L'Archiduc.	La Rochelle.	D'Herman.	650	Idem.	25 Mars 1786.	Le réſultat nous eſt inconnu.
Le Charlus.	Bordeaux.	Dupeux.	500	Iſle de France.	12 Mars 1783.	Expédition pour l'Iſle de France.
			2,400	5.		

NOMS des Navires.	NOMS des Ports d'où ils font.	NOMS des Capitaines.	PORT en Tonneaux.	DESTINATIONS des Navires.	DATES de leur retour à l'Orient.	OBSERVATIONS.
			Suite de l'Année . . 1782.			
		Ci-contre. 2,400		5		
L'Euphrosine.	Marseille.	Simon.	..250	Moka.	9 Janv. 1784.	Le Réfultat nous eft inconnu.
L'Empereur-Roi.	Breft.	Rio.	..350	Ifle de France.	. . . » . . .	Expéditions pour l'Ifle de France & l'Amérique.
La parfaite Union.	Nantes.	Viard.	..450	. . Idem.	. . . » . . .	
Les deux frères.	Granville.	L'Abbé.	..300	. Idem.	. . . » . . .	
Les deux Sœurs.	Idem.	Ohier.	..400	. . Idem.	. . . » . . .	
La Samaritaine.	Nantes.	Serpin.	..350	. . Idem.	. . . » . . .	Expéditions pour l'Ifle de France.
La jeune amante des Sables.	Sables d'Olone.	Radon.	..200	. . Idem.	. . . » . . .	
Le Saint-Alexis.	Ifle de France.	Le Fer.	..200	. . Idem.	Août 1784.	
			4,900	13.		
			1783.			
Le Calipfo.	Bordeaux.	Tandin.	..250	Indes.	8 Janv. 1785.	Expédition pour l'Ifle de France.
Le Mulet.	Rochefort.	Duclos-Guyot.	..600	Chine.	12 Juin 1784.	Ces Vaiffeaux ayant été expédiés pour le compte du Roi, ne peuvent pas être attribués au Commerce particulier.
La Méduse.	L'Orient.	Duminil.	..600	. . Idem.	23 Mai 1784.	
La Diane.	Saint-Malo.	Dumoulin.	..600	. . Idem.	25 Mai 1784.	
Les deux Coufins.	L'Orient.	Caro.	..400	Ifle de France.	25 Avril 1785.	Expédition pour l'Ifle de France.
Le Duc de Tofcane.	Idem.	Gervoix.	..300	Indes.	. . . » . . .	Refté à l'Ifle de France.
La Chanceliere de Brabant.	Bordeaux.	Trochu.	..700	Ifle de France.	26 Mai 1784.	Expédition pour l'Ifle de France.
La Senfible.	L'Orient.	La Gourgue.	..600	Chine.	16 Août 1784.	Expédition pour compte du Roi.
Le Superbe.	Saint-Malo.	La Touche.	..450	Ifle de France.	. . . » . . .	Expédition pour l'Ifle de France où il a refté.
La Comteffe de Chinon.	Bordeaux.	Boulbart.	..500	Mahé.	28 Août 1784.	Revenu à frer. Le réfultat nous eft inconnu.
L'Afie.	Idem.	Hichon.	..750	Pondichéry..	26 Avr. 1785.	Le réfultat nous eft inconnu.
			5,750	11.		

NOMS des Navires.	NOMS des Ports d'où ils font.	NOMS des Capitaines.	PORT en Tonneaux.	DESTINATIONS des Navires.	DATES de leur retour à l'Orient.	OBSERVATIONS.
Suite de l'Année . . 1783.						
De l'autre part. . . 5,750				11		
Le Caftries.	Bordeaux.	Marchai.	500	Indes.	6 Oct. 1786.	Chargé au compte du Roi pour l'Ifle de France & revenu de Batavia pour compte de la Compagnie Hollandoife.
Le Berger.	Nantes.	Voifin.	230	Ifle de France.	»	Expéditions pour l'Ifle de France, où ils font reftés.
Les bons Amis.	Bordeaux.	Saint-Pé.	150	Idem.	»	
Les trois amis.	Ifle de France.	Dubois.	600	Indes.	28 Août 1784.	A fret pour l'Ifle de France au compte du Roi.
L'Aftre de l'Europe.	Bordeaux.	Bidard.	400	Chine.	26 Juill. 1784.	Deftiné pour l'Ifle de France, & freté pour Chine par Darifat.
Le Commerce.	L'Orient.	Buffon.	350	Ifle de France.	19 Janv. 1785.	Expédition pour l'Ifle de France.
La Françoife.	Saint-Malo.	Daniau.	850	Pondichéry.	25 Avr. 1785.	Expédition très-malheureufe.
Le Bougainville.	Idem.	Coflin.	400	Indes.	»	Vendu à l'Ifle de France.
Le Bonhomme Richard.	La Rochelle.	Quefnet.	650	Bengale.	24 Août 1785.	A donné de la perte.
L'Aimable Philis.	L'Orient.	Veillard.	200	Indes.	»	Refté dans l'Inde.
Les fix Frères.	Bordeaux.	Saulnier.	600	Idem.	»	Freté à la Compagnie Hollandoife pour le Cap de Bonne-Efpérance.
Le Caftries.	Saint-Malo.	Le Breton.	300	Idem.	2 Janv. 1786.	Expédition très-malheureufe pour l'Ifle de France.
La Thérèfe.	L'Orient.	Dufay.	200	Batavia.	15 Mai 1785.	Fretés à la Compagnie Hollandoife pour Batavia & retour en Hollande.
Le Fabius.	Idem.	Coulomb.	300	Idem.	3 Juill. 1786.	
Le Brabant.	Bordeaux.	La Biftour.	350	Indes.	»	Perdu à Rodrigue.
Le Maréchal de Mouchy.	Idem.	Gramontinez.	700	Pondichéry.	»	Expédition pour la traite des Noirs & l'Amérique.
La Beauté.	Saint-Malo.	Loizel.	350	Bengale.	1 Sept. 1784.	Revenu à fret de l'Ifle de France.
L'heureufe Zoé.	Marfeille.	Malaval.	350	Ifle de France.	Sept. 1784.	Expédition pour l'Ifle de France.
Les deux Maries.	La Rochelle.	Savari.	300	Bengale.	17 Sept. 1784.	Expédition à fret, malheureufe.
Le Pacificateur.	Marfeille.	Dumas.	300	Indes.	Mars 1784.	Le réfultat nous eft inconnu.
Le Cafimir.	Bordeaux.	Lafuentes.	340	Idem.	10 Mai 1784.	Expédition pour l'Ifle de France.
L'Amitié.	Idem.	Bargeau.	350	Idem.	27 Avril 1784.	Le réfultat nous eft inconnu.
			14,520	33.		

NOMS des Navires.	NOMS des Ports d'où ils sont.	NOMS des Capitaines.	PORT en Tonneaux.	DESTINATIONS des Navires.	DATES de leur retour à l'Orient.	OBSERVATIONS.
Suite de l'Année . . 1783.						
Ci-contre			14,520	33.		
Le Fier.	La Rochelle.	Dalbarade.	1,000	Isle de France.	13 Avril 1784.	Freté à la Compagnie Hollandoise.
La constante Pauline.	Marseille.	Joly.	500	Bengale.	13 Avril 1784.	Le résultat nous est inconnu.
Le Comte de Neny.	Dunkerque.	Morel.	350	Mahé.	Avr. 1784.	Freté au Roi pour l'Isle de France.
Le Pacifique.	Bordeaux.	Descombs.	400	»	9 Juin 1784.	Freté au Roi pour l'Isle de France, & en retour de
Le bel Ami.	Idem.	Le Comte.	400	Chine.	27 Juill. 1784.	Chine par Barisat.
			17,170	37.		
1784.						
Le Castries.	L'Orient.	Beger.	450	Bengale.	10 Nov. 1785.	Le Résultat nous est inconnu.
La Provence.	Marseille.	Mncel.	1,000	Chine.	Août 1785.	Ces Vaisseaux ne doivent pas être compris dans
Le Triton.	Brest.	Dordelin.	1,200	Idem.	Août 1785.	les expéditionr du Commerce particulier, ayant
Le Sagittaire.	Idem.	Morin.	1,200	Idem.	Août 1785.	été expédiés, par Privilége exclusif, pour Chine.
Le Pondichéry.	Bordeaux.	Beaulieu.	700	Idem.	Août 1785.	
Le Sully.	Idem.	Tabois.	700	Isle de France.	»	Expéditions pour l'Isle de France.
La Glaneuse.	Idem.	Lalanne.	400	Idem.	»	
Le Neptune.	Idem.	Lourde de Martignac.	1,000	Batavia.	30 Sept. 1786.	Frêté à Batavia, pour Amsterdam, pour la Compagnie Hollandoise.
Le Jean-Pierre.	Idem.	Benoît.	400	Isle de France.	»	Expéditions pour l'Isle de France & l'Amérique.
La Félicité.	Marseille.	Estelle.	550	Bengale.	1 Juin 1786.	Le Résultat nous est inconnu.
La Bonne Espérance.	Isle de France.	Neveu.	350	Idem.	25 Avril 1785.	
L'Eléphant.	L'Orient.	Torenne.	750	Chine.	6 Juill. 1785	N'a été qu'à l'Isle de France ; & frêté, en retour, pour compte du Roi.
			8,700	12.		

NOMS des Navires.	NOMS des Ports d'où i's sont.	NOMS des Capitaines.	PORT en Ton-neaux.	DESTINATIONS des Navires.	DATES de leur retour à l'Orient.	OBSERVATIONS.
		Suite de l'Année . . 1784.				
		De l'autre part. . . 8,700		12.		
La Chevalière de Brabant.	Bordeaux. . .	Barnœuf.	. .600	Bengale. . . .	. . . » . . .	Expédition à frêt, pour compte étranger, dont le Résultat nous est inconnu.
Le Marius.	L'Orient. . . .	Le Sage.	. .250	Pondichéry. .	. . . » . . .	Coullé bas à Pondichéry.
La Vicomtesse de Noailles.	Bordeaux. . .	Gramont , cadet. .	. .600	Isle de France.	25 Mai 1785.	Expédition pour l'Isle de France, la Traite des Noirs & l'Amérique.
L'Aimable Indienne. . .	Marseille. . .	Boule.	. .300	. . Idem. . .	Mars. 1785.	} Expédition pour l'Isle de France.
L'Heureuse Marie. . .	Idem.	Rouden.	. .350	. . Idem. . .	5 Avril 1784.	
La Bretagne.	Bordeaux. . .	Deschezeaux. . .	. .600	Pondichéry. .	18 Nov. 1786.	Expédition à frêt, dont le Résultat nous est in-connu.
Le Dupeyron.	Marseille. . .	Loiseau.	. .400	Moka. . . .	Août 1784.	} Le Résultat nous est inconnu.
Le Tancrède.	Bordeaux. . .	Bernard.	. .350	Indes. . . .	17 Nov. . » .	
Le Bon Henri.	Idem.	Lemaître. . . .	. .350	. . Idem. . .	17 Nov. . » .	Expédition pour l'Isle de France.
Le Consolateur.	Marseille. . .	Guyon.	. .350	Pondichéry. .	5 Juill. 1785.	} Le Résultat nous est inconnu.
La Constante Pauline. .	Idem. . . .	Joly.	. .500	Bengale. . .	12 Août 1786.	
Le Comte de Noé. . .	Idem.	Charabot. . . .	. .350	. . Idem. . .	Nov. 1786.	
L'Agilité.	Idem.	Jauffret. . . .	. .300	. . Idem. . .	Nov. 1785.	
La Ruche.	L'Orient. . .	Jalabert. . . .	. .350	Indes. . . .	. . . » . . .	Expédition pour l'Isle de France, & retour à Nice.
La Dorade.	Bordeaux. . .	Castagnel. . . .	. .280	Isle de France.	. . . » . . .	Idem pour l'Isle de France.
L'Hypopotam.	Idem. . . .	Balguery. . . .	. .400	Chine. . . .	Juin 1785	Revenu à frêt de Chine , en partie pour compte Espagnol ; Expédition très-malheureuse.
Le Hasard.	Idem. . . .	Brousseau. . . .	. .300	Isle de France.	. . . » . . .	Expédition pour l'Isle de France & l'Amérique.
La Bayonnaise.	L'Orient. . .	Danim.	. .500	Pondichéry. .	. . . » . . .	Vendu dans l'Inde.
La Nueron.	Bordeaux. . .	Gourrige. . . .	. .350	Indes. . . .	Janv. 1786.	Revenu à frêt de l'Isle de France.
La M. Clorinde. . . .	Idem.	Laval.	. .350	Isle de France.	Déc. 1784.	Expédition pour l'Isle de France.
Le Borquain.	Marseille. . .	. . . . »	. .350	Bengale. . .	. . . » . . .	Condamné à l'Isle de France.
			16,830	33.		

NOMS des Navires.	NOMS des Ports d'où ils font.	NOMS des Capitaines.	PORT en Tonneaux.	DESTINATIONS des Navires.	DATES de leur retour à l'Orient.	OBSERVATIONS.
				1785.		
L'Entreprenant.	L'Orient.	Dacanda.	300	Indes.	»	Vieux Navire en Sap, qui a dû être condamné dans l'Inde.
Les deux Frères.	Idem.	Torchu.	220	Isle de France.	»	Expéditions pour l'Isle de France, où ils sont restés.
Le Madagascar.	Idem.	Soussene.	150	Idem.	»	
Le Père de Famille.	Idem.	Jourdaner.	350	Idem.	21 Mai 1786.	Expédition pour l'Isle de France.
La N. D. de Mont-Carmel.	Idem.	Tonnelier.	500	Bengale.	19 Juin 1786.	Expédition à frêt, pour compte Anglois, dont le Résultat nous est inconnu.
Le Mozambique.	Idem.	Dubreuil.	130	Isle de France.	»	Expédition pour l'Isle de France, où il a été vendu.
Le Commerce.	Idem.	Busson.	350	Pondichéry.	»	Condamné à l'Isle de France.
Le Faune.	Nantes.	Boutet.	400	Isle de France.	16 Déc. 1786.	Expédition pour l'Isle de France.
Le Fabius.	L'Orient.	Bidard.	300	Idem.	»	Expédition Idem & l'Amérique,
L'Heureuse Marie.	Marseille.	Fabre.	350	Mahé.	11 Mars 1787.	Le Résultat nous est inconnu.
L'Intimité.	Idem.	Laugier.	350	Isle de France.	27 Mars 1787.	Expédition pour l'Isle de France.
L'Atlas.	La Rochelle.	Lacande.	300	Idem.	22 Avril 1787.	
Le Coromandel.	Marseille.	Comté.	500	Pondichéry.	31 Janv. 1787.	Le Résultat nous est inconnu.
Le Malabar.	Idem.	Pinatel.	500	Côte Malabar.	4 Févr. 1787.	
Le Chêne.	Idem.	Boulouvart.	550	Bengale.	22 Mai 1787.	
Le Consolateur.	Idem.	Guyon.	400	Isle de France.	25 Juill. 1787.	
Le Pacifique.	Bordeaux.	Descombes.	400	Idem.	»	Expédition pour l'Isle de France, où il s'est perdu.
L'Auguste-Victor.	Rochefort.	Cuny.	400	Bengale.	20 Juin 1787.	A remplacé le Borckens, perdu dans l'Inde.
Le Nancy.	Marseille.	Dulome.	500	Isle de France.	Janv. 1787.	Expéditions pour l'Isle de France.
Le Cléomène.	Nantes.	Gazal jeune.	350	Idem.	25 Juin 1787.	
La Jeune Cécile.	Saint-Malo.	Le Gueu.	200	Idem.	Sept. 1786.	
			7,300	21.		

RÉCAPITULATION.

	Vaiſſeaux.	Tonneaux.
Navires employés deux fois, c'eſt-à-dire double emploi.	3	1,550
Expéditions pour l'Iſle de France ſeulement.	155	51,490
Armés en courſe contre les Ennemis.	2	1,400
Vendus dans l'Inde, & qui n'en ſont pas revenus.	10	4,250
Pour la Traite des Noirs & l'Amérique.	2	1,050
Frêtés pour compte du Roi ou de la Compagnie Hollandoiſe.	11	5,800
Expéditions pour compte de l'Ancienne Compagnie des Indes.	4	3,200
Expéditions à la Chine, en 1783, pour compte du Roi.	4	2,400
Expéditions pour Chine, par Privilége excluſif aux Villes maritimes.	4	4,100
	195	75,240
Expéditions réelles du Commerce particulier pour l'Inde & la Chine.	146	83,400
	341	158,640
Ce qui réduit les Expéditions particulières, année commune, à	9	5.212

De ces Expéditions du Commerce particulier:

	Vaiſſeaux.	Tonneaux.
Les Vaiſſeaux qui ont été pris ou naufragés & qui ont donné de la perte, s'élévent à	24	11,350
Les Vaiſſeaux qui ont donné plus ou moins de perte aux Intéreſſés, à	67	39,560
Les Vaiſſeaux qui ont donné plus ou moins de bénéfice, ou dont le Réſultat nous eſt inconnu, à	55	32,490
	146	83,400

Nº III.

ÉTAT, au vrai, du nombre & du départ des Vaisseaux armés par le Commerce libre, pour *l'Isle de France,* *l'Inde* & *la Chine,* pendant les quatre dernières années de Paix, de 1774, 1775, 1776 & 1777, pour servir de Comparaison à l'Etat présenté à la page 29 du Mémoire relatif à la discussion du Privilége de la Compagnie des Indes.

S Ç A V O I R :

NOMS des Navires.	NOMS des Ports d'où ils sont.	NOMS des Armateurs.	PORT en Ton-neaux.	DESTINATIONS des Navires.	DATES de leur retour à l'Orient.	OBSERVATIONS.
			1774.			
Le Fortuné.	Isle de France.	Pellegrin.	450	Isle de France.	5 Août 1774.	Expédition pour l'Isle de France.
Le Fitzjames.	Saint-Malo.	Pierres.	1,000	Chine.	23 Juin 1775.	A donné de la perte.
La Ville de l'Orient.	L'Orient.	Purenne.	150	Isle de France.	. . » . .	Expéd. pour l'Isle de France où il a été vendu.
Le Superbe.	Idem.	De Vigny.	1,300	Chine.	27 Juin 1775.	A donné de la perte.
Les trois Amis.	La Rochelle.	Bonfils.	900	. . Idem.	4 Fév. 1776.	Idem.
Le Saint-Pierre.	L'Orient.	Tabourel.	130	Isle de France.	. . » . .	Expéd. pour l'Isle de France où il a été vendu.
Le Broglie.	Idem.	Caro.	1,200	Chine.	27 Juin 1775.	A donné de la perte.
Le Terray.	Saint-Malo.	Le Brun.	900	Bengale.	18 Mars 1776.	Idem.
Le Penthiévre.	L'Orient.	Quezengal.	900	Mahé.	30 Déc. 1775.	Idem.
La Sainte-Anne.	Saint-Malo.	Astracq.	300	Isle de France.	18 Mai 1775.	Expédition pour l'Isle de France.
L'Aléxandre.	La Rochelle.	Lainart.	200	Chine.	26 Août 1776.	A donné de la perte.
Le Duras.	L'Orient.	Saint-Hylaire.	900	Moka.	18 Juin 1777.	A donné une perte très-considérable.
L'Epérance.	Idem.	Desmolières.	360	Isle de France.	. . » . .	Expéd. pour l'Isle de France où il a été vendu.
L'Actif.	Nantes.	L'Hormeau.	450	. . Idem.	2 Août 1775.	Expédition pour l'Isle de France.
L'Hypoparam.	L'Orient.	Grancière.	140	. . Idem.	. . » . .	Exped. pour l'Isle de France & resté dans l'Inde.
La Sirenne.	Idem.	Rays.	200	. . Idem.	13 Avr. 1776.	Idem pour l'Isle de France.
			9,480	16		

NOMS des Navires,	NOMS des Ports d'où ils font.	NOMS des Capitaines.	PORT en Tonneaux.	DESTINATIONS des Navires.	DATE de leur retour à l'Orient.	OBSERVATIONS.
Suite de l'Année . . . 1774.						
De l'autre part. . . 9,480				16		
Le Saint-Joseph. . . .	L'Orient. . .	Morice.	. . .120	Ifle de France.	. . . » . . .	Expéd. pour l'Ifle de France où il a été vendu
La Normande. . . .	Idem. . . .	Prevôt de la Croix.	. . .600	. . Idem. . .	30 Déc. 1776.	Expédition pour l'Ifle de France.
L'Ajax.	La Rochelle.	Crozet.	. . .650	Bengale. . . .	26 Août 1776.	A donné de la perte.
L'Athalante.	L'Orient. . .	Le Baud. . . .	. . .300	Ifle de France.	. . . » . . .	Expédition pour l'Ifle de France.
Le Salomon.	Idem. . . .	Bourde. . . .	. . .350	Pondichéry. .	12 Janv. 1777.	A donné de la perte.
Le Bury.	Nantes. . .	Olivier. . . .	. . .400	Bengale. . .	Janv. 1776.	Idem.
La Cérès.	La Rochelle.	Giraux. . . .	. . .600	Indes.	. . . » . . .	Perdu au Cap le 18 Juin 1776.
Le Saint-Joseph. . .	Marfeille. . .	Blancard. . . .	. . .200	Ifle de France.	. . . » . . .	Expéd. pour l'Ifle de France; delà à l'Amérique
Le Chaumont. . . .	Nantes. . . .	Groflo. . . .	. . .450	Bengale. . .	21 Juin 1776.	A donné de la perte.
L'Indécis.	Idem. . . .	Aftrucq. . . .	. . .250	Ifle de France.	. . . » . . .	Expéd. pour l'Ifle de France, delà à l'Amérique.
			. 13,400	26		
1775.						
Le Modefte.	Saint-Malo. .	Dumont. . . .	. . .900	Chine. . . .	5 Juin 1776.	Cette Expédition a réuffi.
Le Duc d'Aiguillon. .	Chandernagor.	Deflotières. . .	. 1,000	Chandernagor.	. . . » . . .	Défarmé à Chandernagor.
Le Mergé.	Nantes. . . .	Dubignon. . .	. . .500	Ifle de France.	16 Avril 1776.	Expédition pour l'Ifle de France.
Le Briffon.	La Rochelle.	Defchezaux. . .	. . .700	Chine. . . .	19 Nov. 1776.	Doit avoir donné de la perte.
Le Curieux.	L'Orient. . .	Dorvo. . . .	. . .150	Bengale. . .	. . . » . . .	Refté dans l'Inde.
La Chte Marguerite. .	Idem. . . .	Lemerer. . . .	. . .160	Ifle de France.	. . . » . . .	Expédition pour l'Ifle de France où il a refté.
Le Beaumont. . . .	Idem. . . .	Berger. . . .	. . .950	Chine. . . .	14 Juin 1777.	Le réfultat ne nous eft pas connu.
Les trois Coufins. . .	Idem. . . .	Naud. . . .	. . .350	Chandernagor.	. . . » . . .	Vendu au Bengale.
Le Maurepas. . . .	La Rochelle.	Robin. . . .	. . .550	Mahé. . . .	5 Mai 1777.	Doit avoir donné de la perte.
Le Dauphin. . . .	L'Orient. . .	Dordelin. . . .	. . .900	Chine. . . .	30 Juill. 1776.	Le réfultat ne nous eft pas connu.
			. 6,160	10		

NOMS des Navires.	NOMS des Ports d'où ils sont.	NOMS des Capitaines.	PORT en Tonneaux.	DESTINATIONS des Navires.	DATES de leur retour à l'Orient.	OBSERVATIONS.
Suite de l'Année. 1775.						
Ci - contre			6,160	19		
Le Castries.	L'Orient.	Gouyon.	700	Pondichéry.	23 Janv. 1777.	A donné de la perte.
Le Saint-Vincent.	Vannes.	Moreau.	225	Isle de France.	»	Expéd. pour l'Isle de France où il a été vendu.
La Natoli.	L'Orient.	Duclos-Guyot.	370	Idem.	»	Idem. où il est resté
L'Aquillon.	Idem.	Landenœuf.	500	Bengale.	26 Août 1776.	A donné de la perte.
Le Sartine.	Idem.	Maugendre.	500	Mahé.	10 Oct. 1776.	Idem.
Le Boynes.	Chandernagor.	L'Abbé.	600	Bengale.	»	Resté dans l'Inde.
L'Isle de France.	Brest.	Bettremieux.	600	Idem.	24 Août 1777.	Prêté par le Roi, & a donné de la perte.
Le Sévère.	L'Orient.	Brulenne.	1,300	Chine.	19 Août 1777.	A donné de la perte.
Le Turgot.	Idem.	Vaubercy.	700	Idem.	23 Juin 1777.	Idem.
L'Altier.	Isle de France.	Beaurivage.	180	Isle de France.	11 Mai 1776.	Expédition pour l'Isle de France.
La Bricole.	Rochefort.	Clouard.	700	Mahé.	19 Août 1777.	Prêté par le Roi, & a donné de la perte.
Le Lion.	Caën.	Girodroux.	150	Isle de France.	»	Expéd. pour l'Isle de France où il a été vendu.
L'Alliance.	Isle de France.	Veaudoré.	330	Pondichéry.	5 Juill. 1776.	Le résultat ne nous est pas connu.
Le Saint-René.	Saint-Malo.	Giron.	200	Isle de France.	9 Août 1776.	Expédition pour l'Isle de France.
Le Taleirand.	Nantes.	Feuillette.	500	Idem.	3 Juin 1776.	Idem.
Le Printemps.	Saint-Malo.	Beauséjour.	350	Pondichéry.	Avril 1777.	Le résultat ne nous est pas connu.
Le Lion.	Nantes.	Pelard.	500	Isle de France.	»	Exp. pour l'Isle de France & retour par l'Amérique.
L'Epaminondas.	Idem.	Le Huedé.	350	Idem.	28 Juin 1776.	Expédition pour l'Isle de France.
La Bretagne.	Bordeaux.	Mancelle.	500	Indes.	10 Oct. 1777.	Le résultat ne nous est pas connu.
Le Citoyen.	Marseille.	Becard.	180	Isle de France.	»	Exp. pour l'Isle de France & retour par l'Amérique.
Le Guerrier.	Nantes.	Richel.	450	Idem.	9 Août 1776.	Expédition pour l'Isle de France.
			16,065	31		

NOMS des Navires.	NOMS des Ports d'où ils sont.	NOMS des Capitaines.	PORT en Tonneaux.	DESTINATIONS des Navires.	DATES de leur retour à l'Orient.	OBSERVATIONS.
				1776.		
Le Broglie..	L'Orient.	Caro.	1,200	Chine.	3 Juill. 1777.	Doit avoir donné très-peu de bénéfice.
La Brune.	Idem.	Males.	300	Pondichéry..	23 Idem.	A donné de la perte.
Le Bordelais.	Rochefort.	Démarinière.	1,100	Mahé.	5 Mai 1778.	Prêté par le Roi & a donné beaucoup de perte.
La Vrillière.	Chandernagor.	Sabatterie.	500	Chandernagor.	»	Resté au Bengale.
L'Aimable Nanette.	La Rochelle.	Bertrand.	600	Bengale.	2 Août 1777.	Doit avoir donné de la perte.
Le Comte de S. Germaim.	Caën.	Guérard.	450	Isle de France.	30 Juill. 1777.	Expédition pour l'Isle de France.
Le Gange.	L'Orient.	Caro.	700	Bengale.	14 Juin 1777.	Doit avoir donné quelque bénéfice.
Le Genois.	Marseille.	Jauffret.	340	Isle de France.	30 Mai 1777.	Expédition pour l'Isle de France.
Le Triton.	Honfleur.	Motard.	250	Bengale.	»	Vendu dans l'Inde.
Le Sage.	L'Orient.	Purenne.	250	Idem.	2 Août 1777.	A donné de la perte.
Le trois Amis.	La Rochelle.	Bonfils.	900	Chine.	28 Oct. 1778.	Idem.
Le Fitzjames.	Saint-Malo.	Villebrune.	700	Idem.	8 Janv. 1779.	Idem.
Le Gracieux.	Havre.	Totin.	400	Isle de France.	»	Exp. pour l'Isle de France, & retour par l'Amériq.
Le Normand.	Honfleur.	Campion.	250	Pondichéry.	»	Perdu dans le Gange.
L'Aurore.	L'Orient.	Coissy.	105	Isle de France.	»	Exp. Pour l'Isle de France, perdu aux Isles Sechelles
L'Aigle.	La Rochelle.	Bouret.	350	Mahé.	21 Août 1777.	A donné de la perte.
L'Expérience.	L'Orient.	Colomb.	200	Isle de France.	»	Expédition pour l'Isle de France où il s'est perdu.
La Ville d'Archangel.	Idem.	De l'Horme.	400	Bengale.	17 Mai 1778.	A donné quelque bénéfice.
La Bouffone.	Idem.	Deschiens.	150	Isle de France.	»	Expédition pour l'Isle de France où il a resté.
Le Mergé.	Nantes.	Dubignon.	500	Indes.	»	Perdu dans le Gange.
Le Pondichéry.	L'Orient.	Kangal.	900	Chine.	21 Avril 1779.	Peut avoir donné quelque bénéfice.
Le Carnate	Idem.	Beaulieu.	700	Pondichéry.	»	Pris par les Anglois.
Le Terray.	Idem.	Le Brun.	800	Bengale.	15 Août 1778.	N'a point donné de bénéfice.
Le Modeste.	Saint-Malo.	Chanteloup.	900	Chine.	»	Pris par les Anglois.
La Philippine.	Marseille.	Gucy.	560	Bengale.	11 Sept. 1778.	A donné du bénéfice.
Le Moissonneur.	Saint-Malo.	Dubois.	200	Isle de France.	»	Exp. pour l'Isle de France & retour par l'Amériqu.e
Le Marquis de Ségur.	Nantes.	Bertheaume.	300	Idem.	»	Idem.
Le Restaurateur.	Idem.	Naud.	400	Idem.	18 Déc. 1777.	Expédition pour l'Isle de France.
			14,405	28		

NOMS des Navires.	NOMS des Ports d'où ils font.	NOMS des Capitaines.	PORT en Tonneaux.	DESTINATIONS des Vaisseaux.	DATES de leur retour à l'Orient.	OBSERVATIONS.
		Suite de l'Année . . . 1776.				
		Ci-contre. 14,405		28		
La Catherine.	Nantes. . . .	Le Rai.	. . .400	Isle de France.	Juin 1777.	Expédition pour l'Isle de France.
La Marquise de Marbœuf.	Idem.	Joffet.	. . .400	. . Idem. . .	24 Juill. 1777	Idem.
La Sainte-Anne.	Saint-Malo..	Herconnet.	. . .350	Traite des Noirs en Amérique.	. . . . 1778.	Traite des Noirs & retour par l'Amérique.
La Jeune Indienne. . .	Bordeaux. .	Deschiens.	. . .360	Pondichéry. .	. . . » . . .	Perdu à Pondichéry.
Le Bernier	Nantes. . . .	Rivereau.	. . .500	. . Idem. . .	Janv. 1778.	A donné de la perte au Chargeur à Fret.
Le Chavigny.	Idem.	L'Hormeau. . . .	. . .550	Isle de France.	24 Avril 1778.	Expédition pour l'Isle de France.
Le Taleirand.	Idem.	Feuillette. . . .	. . .500	Chine. . . .	15 Août 1778.	A donné de la perte.
La Vendangeuse. . . .	Dunkerque. .	Pezin.	. . .400	Isle de France.	Août 1777.	Expédition pour l'Isle de France.
Le Gaston.	Nantes. . . .	Gloro.	. . .500	Indes. . . .	. . . » . . .	Pris par les Anglois.
Le Cavaillon.	Rochefort. .	Neveu.	. . .180	Pondichéry...	23 Fev. 1778.	A donné de la perte au Chargeur à Fret.
			.18,485	39		
		1777.				
L'Aquilon.	L'Orient. . .	Lavigne Buisson. .	. . .500	Bengale. . . .	3 Oct. 1778.	A donné de la perte.
Le Prevost.	Idem.. . . .	Oury.	. . .300	Isle de France.	. . . » . . .	Expédition pour l'Isle de France où il a resté.
L'Elisabeth.	Idem.	Morice.	. . .250	. . Idem. . .	. . . » . . .	Idem.
L'Elisabeth.	La Rochelle.	Crozet.	. . .800	Bengale. . . .	. . . » . . .	Resté dans l'Inde.
Le Maurepas.	L'Orient. . .	Mulerse. . . .	. . .900	. . Idem. . .	. . . » . . .	Perdu à Madagascar.
L'Epaminondas. . . .	Nantes. . . .	Le Huede. . . .	. . .300	Isle de France.	. . . » . . .	Expédition pour l'Isle de France.
L'Auguste.	L'Orient. . .	Le Merer. . . .	. . .200	. . Idem. . .	. . . » . . .	Idem. Resté à l'Isle de France.
La Diligente.	Idem.	Amiseel. . . .	. . .190	. . Idem. . .	. . . » . . .	Idem. . . . . Idem.
Les deux Amis. . . .	Idem.	Moreau. . . .	. . .250	Chine. . . .	. . . » . . .	Pris par les Anglois.
			.3,690	9		

NOMS des Navires.	NOMS des Ports d'où ils font.	NOMS des Capitaines.	PORT en Tonneaux.	DESTINATIONS des Navires.	DATES de leur retour à l'Orient.	OBSERVATIONS.
				Suite de l'Année . . . 1777.		
				De l'autre part. . . .3,690 — 9		
Le Chaumont. . — . .	Nantes. . . .	Benoist.	. . .450	Bengale. . . .	Août 1778.	A donné de la perte au Chargeur à Fret.
Le Jean-François. . .	Idem.	Viard.	. . .300	Isle de France.	Avril 1778.	Expédition pour l'Isle de France.
Le Favori.	Saint-Malo. .	Astrucq.	. . .500	Bengale. . . .	»	Perdu dans le Gange.
Le Sartine.	Bordeaux. . .	Vernet.	. . .500	Pondichéry. . .	»	Pris par les Anglois.
La Sainte Anne. . . .	Nantes. . . .	Marcaille. . . .	. . .400	Isle de France.	Juin 1778.	Expédition pour l'Isle de France.
La Ville de Rennes. . .	Idem. . . .	Rio.	. . .500	. . Idem. . .	»	Idem. Et retour par l'Amérique.
La Sainte-Thérese. . .	L'Orient. . .	Bourdé. . . .	. . .300	. . Idem. . .	»	Idem. Resté dans l'Inde.
Le Ferme.	Nantes. . . .	Delastre. . . .	. . .400	Pondichéry. . .	»	Pris par les Anglois.
Le Jean-Louis. . . .	Saint-Malo. .	Alaine.	. . .360	Bengale. . .	27 Mai 1778.	Doit avoir donné de la perte.
L'Auguste.	Nantes. . . .	Deschiens. . . .	. . .300	Isle de France.	»	Exp. pour l'Isle de France, & retour par l'Amérique.
L'Iris.	Marseille. . .	Simon.	. . .300	Moka. . . .	»	Pris par les Anglois.
La Batistine.	Idem.	Morphi. . . .	. . .150	Isle de France.	»	Expédition pour l'Isle de France où il a resté.
			. . .8,090	21		

M. DCC. LXXXVIII.

www.ingramcontent.com/pod-product-compliance
Ingram Content Group UK Ltd.
Pitfield, Milton Keynes, MK11 3LW, UK
UKHW022238120726
13694UKWH00003B/876